THE ONCE AND FUTURE LIBERAL

AFTER IDENTITY POLITICS

MARK LILLA

分裂的美国

[美]马克·里拉 —————— 著   马华灵　顾霄容 —————— 译

上海人民出版社

我们必须明白，一个关注劳工的政党和一个劳工的政党是有区别的。一个关注妇女的政党和妇女的政党是有区别的。我们能够且必须成为一个关注少数群体的政党，而无须成为少数群体的政党。我们首先是公民。

——参议员爱德华·M.肯尼迪（1985）

目录

中文版导读

刘擎

　　近年来西方社会的政治局势动荡不安，其中一个引人注目的现象是日益严重的政治极化（political polarization），突出体现在2016年英国围绕着"脱欧"问题的激烈争议，体现在美国总统选举的白热化竞争。欧美国家的民众在经济全球化、移民与难民，以及族群差异等问题上，出现了严重的意见纷争甚至难以调和的立场分歧。许多政治家与知识分子为此深感忧虑，媒体政论中"危机"与"崩溃"的字眼屡见不鲜。

　　在西方主流的政治理论中，许多学者都承认自由主义民主政体存在着各种局限，但大多相信其突出的优势之一，在于应对现代性条件下的多元主义事实，在于能够以统一的政治原则框架有效地包容并安置现代社会的多样性差异。如果当前西方社会的政治极化难以缓和甚至不断恶化，有可能突破现存政体能够吸收和容纳的有效范围，那么言称"自由民主体制的危机"就不再是危言耸听的修辞。就此而言，政治极化是西方政治面临的一个严峻挑战，这是一个深刻的政治理论问题，也具有重要的实践相关性。本文试图针对当前西方（主要是美国）社会政治极化的新特点，着眼于考察围绕"身份政治"问题的相关争议，探讨文化多样性与民主政治的关系，提出一些初步的评论和思考。

一、原生论民族主义的兴起

我曾在一篇年度述评文章中指出，造成当前西方社会内部分裂的主要原因源自两种"结构性裂变"。其一是经济层面上的"差异性全球化"，每个国家内部都产生了全球化的受益者与挫败者，基于自身不同的利益得失形成了对全球化的支持与反对的态度分裂。其二是在文化层面上，全球化对各国的本地传统价值、生活方式以及民族认同造成了强烈的冲击。而在移民和难民大量涌入、恐怖主义袭击时而发生的新局势下，这种文化冲击变得更加敏感和尖锐，但自由主义者所主张的多元文化主义与全球主义未能有效地回应这一冲击，在民众之间产生了对文化认同问题的对立格局。经济利益的冲突与文化诉求的矛盾相互交织、彼此纠葛，构成了政治态度分裂的基本背景。[1]这些政治态度上的分歧由来已久，但只是政治对抗的潜流，只有通过有效的政治动员与集结，才能显现为现实政治中相互博弈的力量，而从政治态度到政治力量的"现实化"（actualization）过程，又反过来加剧了政治态度的分裂与极化，从而导致在选举竞争和立法议程中派别分明的政治对抗现实。这正是2016年美国总统竞选以及特朗普最终胜选的剧情逻辑。

无论有多少人对特朗普的人格特征与个性风格颇有微词，我们很难否认他具有超凡的政治煽动力或者（以更为中性的语词来说）政治动员力。特朗普的反建制姿态、民粹主义立场以及几乎难以掩饰的"白人优越论"倾向，在其竞选活动中发挥了重要的政治动员功能，许多评论家已经对此做过详细深入的阐述。我们关切的焦点问题在于：特朗普何以能够诉诸"白人民族主义"（White Nationalism）情绪，突破左派与自由派长期掌控的"文化领导权"，动员和集结足够多的选民形成自己的"文化政治"力量，在选战中赢得胜

1　参见刘擎：《2016西方思想年度述评》，载《学海》2017年第2期。

利？正如一些评论家分析指出的那样，特朗普的"让美国再次伟大"口号实际的潜台词是"让美国再白起来"（Make America White Again）。[1]他鼓吹的"我们要夺回我们的国家"（We Want Our Country Back），是要夺回早已经被自由派的文化领导权所埋葬的"白人民族主义"。这种（在许多人看来）"反动腐朽"的政治意识何以能够死灰复燃？这似乎是令人惊奇的。

在美国政治思想史的教科书以及主流的政治话语中，美国不具备典型意义的民族主义传统，因为美国缺乏单一民族国家那种以共同血缘、人种和语言为基础的民族认同。即便论及"美国的民族主义"，也无法以老欧洲（尤其是德国式的）"血与土地"的术语来理解，而是以对"自由信条"的共同忠诚来界定的，这是所谓的"理念型民族主义"。早在1922年英国作家切斯特顿（G. K. Chesterton）就指出，"美国是世界上唯一建基于一种信条（a creed）的国家（民族），

1　参见 Charles M. Blow, "Trump: Making America White Again", *The New York Times*, November 21, 2016, p. A23; Lola Adesioye, "'Make American White Again': How US Racial Politics Led to the Election of Donald Trump", *New Statesman*, November 21, 2016; Toni Morrison, "Making America White Again", *New Yorker*, November 21, 2016 Issue。

这个信条在《独立宣言》中以具有教条式的甚至是神学的清晰性得到陈述"。[1]后来，美国社会学家李普塞特（Seymour Lipset）在论述"美国例外论"的名著中也指出，美国是"第一个新的民族"，依赖于独特的美国意识形态，其理念是自由、平等主义、个人主义、共和主义和放任自由经济。[2]甚至亨廷顿——这位后来强调美国白人清教传统的政治学家——在早年也主张美国的信条论特征，认为"将民族性等同（认同）于政治信条或价值观，这使得美国几乎是独一无二的"。就此而言，一个英国人变得"非英国化"是不可思议的，而在美国，"拒绝那个信条的核心理念就是非美国的（un-American）"。[3]由此看来，美国的理念型民族主义以美国价值观而自豪，甚至会鄙视"旧世界"那种（基于种族和土地的）"原生论民族主义"。

亨廷顿后来在《我们是谁？美国国家特性面临的挑战》

1　G. K. Chesterton, *What I Saw in America* (1922), Whitefish, MT: Kessinger Publishing, LLC, 2010, p.7.

2　Seymour Martin Lipset, *American Exceptionalism: A Double-Edged Sword*, New York: W. W. Norton & Co., Inc., 1996, pp.1, 17−19.

3　Samuel Huntington, *American Politics: The Promise of Disharmony*, Boston, MA: Harvard University Press, 1981, pp. 25, 2−3.

（*Who Are We? : The Challenges to America's National Identity*）一书中将WASP（白人的盎格鲁－撒克逊的新教）传统当作美国文化的核心，受到广泛的争议，他也特别指出，他强调的不是WASP人种，而是其文化传统。实际上，"真正的美国"这一概念本身具有高度争议。从历史角度看，早年美国的"定居者"主体来自欧洲，欧洲文化和宗教塑造了美国文化主流。但在理念层面上，新大陆的移民许多是欧洲的"弃儿"，清教徒遭受的宗教压制使他们要建立一个开放和包容他者的"新世界"，随着后来移民的涌入，以观念认同来界定美国人的思想日渐流行，"成为美国"就是信奉美国的价值理想，凡是忠诚于这些普遍主义的理念，不论来历如何都可以是"美国人"。在这个意义上，美国认同是政治理念塑造的"政治文化"，而不是基于原生性民族身份所形成的"文化政治"。这构成了"美国特色"的民族主义，如果否定这种特色，那么美国不过是老欧洲的民族国家美洲翻版，而丧失了其"新大陆"的精神特质。

我们因此可以说，诉诸一种基于白人种族的"原生论民族主义"是对"美国正统"的背离，是"非美国的"。然而，2016年美国政坛的戏剧性，即便没有彻底颠覆也强烈质疑了

"美国例外论"的神话。特朗普的"文化政治"成就表明，不仅对于"何为美国，何为美国的文化传统，何为真正的美国人"等问题的竞争性阐释从未终结，而且美国的民族主义论述仍然可以调用原生论的种族概念，这种白人民族主义从未被彻底埋葬，只是在"历史进步"的洪流冲击下，藏匿于边缘却始终蓄势待发。

二、身份政治的歧途

令人疑惑的问题是，诉诸普遍人权和自由与平等价值的自由主义政治文化，长期占据了美国的文化领导权，为何未能抵御白人民族主义的死灰复燃？这可能有多方面的原因。就自由派的对手而言，特朗普异乎寻常的政治煽动或动员力相当关键，得以将全球化中那些受挫的白人工人阶层的利益诉求与其种族文化诉求结合起来，重新建构了（"伪装成"）美国正统的文化政治论述。但在另一方面，自由派本身的政治错位与失策也需要反省。其中，左派与自由派放弃建设共享的政治文化努力、沉湎于"文化政治"的倾向尤其值得深思。他们在政治理念和实践中，对于文化身份多元差异可能对政治带来的威胁毫无警觉，鼓励和放任"多元文化主义""差异政治""承认政治"和"身份政治"的主张。在这个问题上，哥伦比亚大学教授马克·里拉（Mark Lilla）最近的论述及相关讨论引人注目。在2016年美国总统大选结束后不到两周，里拉就在《纽约时报》发表文章，批评分析"身份自由主义"（identity liberalism）的政治失败，成为当年被阅读最多的政论文章。[1]随后作者又在此文的基础上扩展和补充，在2017年8月出版了《曾经与未来的自由派：在身份政治之后》（编者按：即本书英文版）一书。[2]他对左翼和自由派提出了尖锐的批评，持续引发广泛的反响与争议。作为（自诩为）一名自由派的知识分子，里拉的批评也是一场"家族内部"的自我清理与反思。

里拉并不反对文化多样性，他认为美国的多样性是一件"美好的事情"，甚至愿意承认身份政治论述的一些积极意义——有助于增强进步主义者的道德敏感性，尤其有助于形成对少数族裔和边缘群体的包容与尊重态度。他对身份政治的批判质疑着眼于其现实政治后果。在他看来，以特殊主义

---

1 Mark Lilla, "The End of Identity Liberalism", *New York Times*, November 20, 2016, p. SR1.

2 Mark Lilla, *The Once and Future Liberal: After Identity Politics*, New York: HarperCollins, 2017.

的身份论述来塑造政治，无论在道德上多么有价值，在现实政治中，尤其就选举政治的竞争策略而言，是极不明智的。因为民主党政治事业的实质进展，在根本上取决于对政治体制的掌握和影响力，通过进入各级行政和立法机构的民主派的政治家，才能推动和落实那些进步主义取向的政治目标，包括提高在阶层、种族、族裔和性别等方面处于弱势的群体的平等权利和利益。而在民主政治中，获得体制影响力的直接方式就是赢得各种选举，这需要政治话语和战略对最广泛的选民具有吸引力、感召力和说服力。里拉认为，诉诸公民的共同性和团结，而不是强调各个特殊群体的独特差异，变得至关重要，而身份论的自由派恰恰在这个关键问题上陷入了歧途。

在里拉看来，自由派政治的"黄金时代"是罗斯福和肯尼迪执政时期，那时候自由主义的政治基于普遍主义的自由与平等原则，着眼于塑造所有美国人共享的公民政治身份。而从越战时期的新左派运动开始，自由主义政治发生了一系列蜕变：一种"从我们到我"的蜕变。由此"关注的焦点不再是两种认同（identification）——我们作为民主的公民和美国的认同与我们对美国内部不同社会群体的认同——之间的关系。公民身份退出了这个图景，人们转而谈论他们个人的身份，依据的是他们内心的小形象——由带着种族、性取向与性别等色彩部件构成的独特小事情"。[1]他批评执迷于差异的身份政治，使民主党人忽视了其"经典目标"：将来自不同背景的民众聚集在一起，为一个共同的目标而奋斗，转向一种日益个人化的、狭隘的和排他性的"伪政治"。

他特别举例严厉质疑了"黑人的命也是命"（Black Lives Matter）运动，称之为"如何不去塑造团结的教科书式的范例"。他没有否认这一运动的积极方面，通过揭示和抗议警察对非洲裔美国人的虐待，动员了支持者并唤醒了美国人的良知。但他认为，"这场运动决定要用这种恶语相向来造成一个普遍性的指控——针对美国社会及其种族历史，以及针对整个执法机构"，并且采用胁迫策略压制异议，要求认罪与公开忏悔，这种做法实际上"给了共和党右翼以可乘之机"。[2]里拉告诫自由主义者，"一旦你仅仅依据身份来表达一个问题，那你就是在邀请你的对手做同样的事情。那些打出一张种族牌的人应该准备好被（对手的）另一张种族牌所压倒"。在他

---

[1] Mark Lilla, *The Once and Future Liberal: After Identity Politics*, pp. 66–67.

[2] Ibid., p.126.

看来，这次总统大选中最值得反省的教训之一，就是自由派的身份政治激发和助长了右翼对手得以玩弄另一种身份政治（白人优越论或白人民族主义）。与此对照，"1960年代的民权运动领袖们没有像今天黑人运动的活动家那样谈论身份"。民权运动有意识地诉诸公民的共同之处，促使美国由知耻而行动，使得美国白人更难以在心理上维持双重标准（一种是适用于"美国人的"，而另一种是给"黑人的"）。他认为，"那些民权运动领袖并没有获得全面的成功，但这并不意味着他们失败了，也不能证明现在有必要采取不同的方法"。[1]

此外，里拉还批评了身份论自由派受制于道德优越感的政治局限。为维护"道义纯洁性"而拒绝妥协，因为他们将妥协视作背叛，这是丧失政治现实感的标志。他提出的告诫是，切勿将"纯洁性检测"强加给我们想要说服的人。"不是所有的事情都事关原则问题，即使有些事情确实如此，也往往存在其他同样重要的原则，它们可能需要被牺牲才能维护这个原则。道德价值观不是一个严丝合缝的拼图中的片块。"[2]因此，他相

1　Mark Lilla, *The Once and Future Liberal: After Identity Politics*, p.127.

2　Ibid., p.116.

信那种绝不妥协的方式——比如"要求白人在每一个案例中都会同意（我们）什么算作歧视或种族主义"——在选举政治中是完全不可取的，因为"在民主政治中，设立一个过高的——高于为赢得支持者和选举所必要的——同意标准是自杀性的"。[1]

里拉构想的"未来的自由派"，呼唤从身份政治的歧途中迷途知返，走向一种后身份政治，而这种转变需要从"曾经的自由派"的前身份政治中汲取经验：力求扩展自由主义政治的基础面，诉诸具有共性的整体"美国人"，强调基于普遍平等与自由权利的共享公民身份，并重视绝大多数人关切的问题。在触及性取向和宗教等文化差异的议题中，后身份政治应以恰当的分寸感平稳而敏感地应对。里拉在其著作的第三章提出了对未来自由派政治的建设性主张，包括三种优先性——"制度政治优先于运动政治"，"民主说服优先于盲目的自我表达"，"公民身份优先于族群或个人身份"，并提倡在校园中展开"公民教育"。显然，他的核心论旨在于以"公民政治"取代失败的身份政治。他承认公民政治本身存在许多局限，但坚持认为这是自由派仅有的最有希望的政治途径。

1　Mark Lilla, *The Once and Future Liberal: After Identity Politics*, p.128.

三、公民政治的难题

里拉的批评反思蕴含着"求同存异"的取向，强调美国的自由主义传统是立足于共同的普遍价值来容纳多样性，他担忧固执于差异的身份政治可能会自毁自由主义的根基。他所呼唤的公民政治，同时关注作为享有平等的自由权利的公民身份，以及致力于团结和积极政治的公民责任，实际上结合了自由主义与共和主义的公民观。然而，公民政治的主张并不新颖，这是1990年代在美国政治理论界曾被热烈讨论的议题。里拉或许知道其中的复杂争议，因此他有意回避了困难的理论问题，主要立足于政治现实主义的策略展开其论述。支持身份政治的政治理论家有理由对此不满，因为他们之所以投身于身份政治，恰恰是因为他们曾对传统的公民政治做过严肃的反思与批判。在他们看来，里拉是具有保守倾向的自由派，他只是借助特朗普大选获胜这一"证据"，向左派与左翼自由派发难。

在我看来，辨析身份政治与公民政治之间的区别，尤其是它们在政治实践中的不同取向和效果是有意义的，这也是里拉的重要贡献之一。但将这两者做截然对立的划分却存在着弊端。我们有必要重新理解身份政治与公民政治之间的联系，并建立可能的互为支持的关系。在1990年代西方学术界关于多元文化主义、差异政治和身份政治的讨论中，"公民政治"问题并没有完全缺席，而是被重新理解和界定，这甚至在激进左翼的学者论述中也是如此。

左翼政治理论家尚塔尔·墨菲（Chantal Mouffe）构想了一种激进民主的方案。[1] 她批判了传统的自由主义"权利公民观"（citizenship-as-rights），认为它强调个人权利的优先性但从不阐释行使权利的导向和内容，把所有"规范性"关怀都划入"私人道德领域"，使政治愈来愈丧失其伦理维度，蜕化为"工具主义"的事务，仅仅关注既定利益之间的妥协。自由主义公民观的政治结果是公共意识的衰落和公民行动的畏缩，这样的"消极公民"无法形成激进民主所需的政治联盟。但墨菲并没有放弃公民政治的概念。她主张左翼政治应当告别"全面革命"，转向在自由主义民主的制度框架内展开激进民主的斗争，那么在失去了以"阶级"作为整体性政治身份的条件下，需要一种新

---

1 Chantal Mouffe (ed.), *Dimensions of Radical Democracy: Pluralism, Citizenship, Community*, London: Verso, 1992.

的政治主体身份，而"公民"则是最可取的选择。但墨菲阐述的公民身份并不是自由主义所简约化了的"法定身份"（legal status），也不再仅仅是享有法律的保护、被动的权利拥有者，而是一种出于共同关怀、服从政治行动的"语法"（一套由公共关怀所确立的规范原则）的政治身份。激进民主的政治语法就是"人人自由平等"的原则，这是对现存民主体制所允诺的政治价值所作的一个最为激进的阐释。其激进性在于，它要求所有的社会领域都必须接受这一原则的"检测"：任何支配性的控制关系都不能豁免受到挑战。通过对这一原则（"语法"）的认同与共识，各种身份（女性、工人、黑人、同性恋者和生态主义者等）的政治斗争就不再互不相关，而具有了激进民主的共通性，形成了一条（伦理—政治意义上的）"等价链"（chain of equivalence），从而构成了"我们"：激进民主的公民。在此，公民身份并不是现成的，而是"通过对公共关怀的认同行为来获得政治身份"[1]。"成为一个公民"意味着承认其规则的权威性，以此来指导政治判断和行动。公民是在各

---

1 Chantal Mouffe (ed.), *Dimensions of Radical Democracy: Pluralism, Citizenship, Community*, p.235.

种社会运动的民主要求中所建构的一种集体性的政治身份，使各种批判性的社会力量结为联盟。

墨菲主张的激进民主，正是试图以新的公民政治概念把各种局部的社会运动集结起来，形成最广泛的左翼政治联盟，从而争取激进民主力量的优势地位，在身份政治与公民政治之间建立联系。但与此同时，这种新的公民政治仍然可能陷入里拉所指出的困境：如果选举政治要求获得最广泛的民意支持，包括既存体制下优势的或非弱势群体的支持，那么激进民主的公民政治何以实现这种目标？墨菲一贯主张民主政治永远是未完成的，必定是"对手之间的竞争性冲突"（agonistic conflict between adversaries），虽然这区别于"敌人之间的对抗性冲突"（antagonistic conflict between enemies），但如果群体政治之间的冲突（而非合作与团结）是这种公民政治的永恒特征，墨菲似乎无从应对或者根本不必考虑政治极化的问题，这对她而言或许是激进民主中不可避免的现象。

在左翼阵营中，已故的政治理论家艾丽斯·M. 杨（Iris M. Young）是多元文化主义与"差异政治理论"的引领性人物。她在1989年发表的重要论文《政治与群体差异：对普世性公民观理想的批判》中，提出了"差异性公民身份"

（differentiated citizenship）的概念。[1]她指出，那种普世的超越群体差异的公民观是不正义的，因为在现存的社会中，某些群体享有特权，而其他群体却受到压制，压制的形式包括剥削、边缘化、无力状态、文化帝国主义以及暴力与骚扰。在这样一个社会中，"如果坚持主张作为公民的人们应当抛开他们独特的归属关系和经验而采纳一种普遍的观念，那就只会加强特权。因为特权者的观点和利益会在统一的公众中占据支配地位，而其他群体的观点和利益却会被边缘化而没有发言权"。[2]因此，追求真正的平等政治，需要我们承认群体差异，认真对待他们的不利处境和特殊需求。对于在文化上被排斥的群体，首先，针对他们在政治过程中的不利处境，应当提供有效的制度性手段，寻求解决其需要的平等承认和平等代表的问题。其次，针对他们可能特殊的（比如在语言和习俗等方面的）文化需求，提供有效的支持性政策来满足这些需求。而相关的政策只有在考虑了群体差异的情况下才可能形成和实施。

1　Iris M. Young, "Polity and Group Difference: A Critique of the Ideal of Universal Citizenship", *Ethics*, 1989, 99(2): 250−274.

2　Ibid., p.257.

普世性公民身份将"公民"界定为与特殊性相对立的普遍性，与差异性相对的共同性，而杨认为，"实现普世性公民理想的企图，就是将公众具体化为与特殊性相对立的一般性，与差异性相对立的同质性，这将使得一些群体被排斥或处于不利之境地，即使他们拥有形式上平等的公民身份。"让每个社会成员获得平等的尊重与对待是公民政治的目标，而杨提出相当有力的论述表明，达成这种目标的方式要求我们承认和重视群体差异，而忽视和抹去这种差异的"一视同仁"或"无差别对待"反而会背离这一目标。对于"差异性公民身份"的批评与辩护曾经过了相当持久而深入的讨论，存在一些悬而未决的问题，但也发现了差异性与共同性之间的兼容可能。[1]

四、构想公民政治与身份政治的调和论

任何政治秩序的建立和维护都需要某种最低限度的社会"整合"，使社会成员遵从共同的基本法律和规则。传统社会

1　Will Kymlicka and Wayne Norman, "Return of the Citizen: A Survey of Recent Work on Citizenship Theory", in Ronald Beiner (ed.), *Theorizing Citizenship*, New York: SUNY Press, 1995.

的政治秩序往往依赖两个整合要素，一是社会在信仰和价值观方面的同质化（或高度一致性），一是"自然的"（往往具有压制性的）社会身份等级化结构。这两种构成政治秩序的整合要素在现代性条件下都失去了有效性。在现代化过程中，高度的社会流动性促进了生活方式的多样化，也造成了信仰和价值观的多元化，社会的同质性被侵蚀和瓦解。多元主义成为现代社会的事实。与此同时，现代革命造就了平等主义的权利观念，人们不再接受传统社会中"先天的"等级结构。如何在平等而多样化的社会成员之间建立稳定的政治秩序，这是现代政治面临的难题。

在几个世纪的现代历史发展中，西方社会建立了自由民主宪政制度，在原则上试图同时解决两个问题：以普遍选举权与代议制政府应对平等主义所诉求的基于人民主权的政治正当性；以宪法保障的公民自由应对信仰与生活方式的多元化问题。也就是说，西方现代政治就其理想而言，力图在缺乏社会同质性和先天等级结构的条件下，以尽可能低的国家强制实现新形态的政治整合与公民之间的合作，从而建立自由而包容的政治秩序。在这种政治秩序中，政治整合与文化多样性之间存在着永恒的张力。社会成员之间的各种分

歧——尤其是事关宗教信念、终极目标、人生理想，以及
对于善的观念等文化差异——永远不可能被彻底消除，却
能够通过限定各自主张的边界、通过对话理解以及谈判妥协
等方式来缓和与化解，并在政治基本原则问题上达成"重叠
共识"，从而实现某种"和而不同"并"求同存异"的秩序。
这是主流的政治自由主义理论所期许的愿景。

然而，文化实践总是有其政治维度，身份与文化的多样
性蕴含着政治诉求的多样化，文化差异也就可能导致政治分
歧。因此，政治自由主义的美好愿景总是会面对一个挥之不
去的隐患：当文化差异以对抗性的形态发生，就可能突破被
限定的边界而"溢出"，导致政治共识的瓦解，最终转变为
严重的政治对抗，对政治秩序的稳定造成威胁甚至颠覆性的
危机。当前西方社会的政治动荡，在一定程度上正是文化差
异"溢出"为政治对抗的征兆。面对这种危机，我们有必要
重新思考政治自由主义的潜力，探讨它是否能够以及何以可
能来应对这种挑战。

在最简单化的阐释中，政治自由主义的"求同存异"方
案可以表述为"求政治之同、存文化之异"。就身份问题而
言，每个人可能具有多种身份，可能归属多种群体，但在政

治意义上共同的公民身份优先于其他群体或个人身份，这种思路体现在罗尔斯（John Bordley Rawls）对两类身份的区分之中：作为公民的"公共身份"（public identity）以及作为私人个体的"非公共身份"（nonpublic identity）。但是，将公共领域与私人领域的截然分离，并试图将政治完全脱离私人领域（包括个人归属的团体社群），仅仅限制在公共领域之中，在许多情况下是不可能的和不可欲的。这种政治自由主义方案遭到了从保守的社群主义到激进的左翼政治理论的批判。当下西方社会的政治现实是，罗尔斯期望对"非公共身份"予以"非政治化"的限制出现了危机，各种差异化的身份具有强烈的政治诉求，并活跃在政治活动中。马克·里拉构想的"后身份政治"实际上试图以公民身份驯化其他身份，在一定程度上与罗尔斯的政治自由主义构想是一致的，也就会遭遇罗尔斯曾受到的各种批评，并陷入同样的困境。

力图"求同"的公民政治似乎必须以压制身份政治的"存异"为代价，而主张承认"差异"的身份政治可能会威胁公民政治的公共秩序。我们必须在公民政治与身份政治之间做一个非此即彼的选择吗？或者，我们如何可能应对这两者之间的紧张冲突？面对这一困难的问题，我尝试提出一些具有"调和论"（reconciliation）取向的初步思考线索，包括如下几个方面。

首先，这种调和论着眼于发掘公民政治与身份政治之间的兼容性。在目前两种政治之间的张力被凸显的情况下，我们有可能忽视了它们互相兼容的一面。在上文对两位左翼政治理论家的简短评介中我们可以看到，无论是墨菲的激进民主理论，还是杨的差异性公民理论，都没有放弃而是坚持了公民这一理念以及公民政治所依据的平等和自由的规范性原则。墨菲的"激进化"旨在迫使自由主义政治更充分地兑现其根本承诺，杨对差异性强调的最终依据也恰恰来自平等尊重和对待的原则。认识到公民政治与身份政治在规范性原则上的一致性或兼容性，可能打开一种新的政治想象可能：公民政治的实践有可能（部分地）经由和吸纳而不是放弃或压制身份政治而展开，这同时也意味着身份政治有可能将自身特殊诉求表达为公民政治的一部分。墨菲所强调的在各个激进民主群体之间建立伦理—政治意义上的"等价链"，蕴含了这种可能。杨在差异政治中所主张的部分目标（比如，赋予贫困阶层以及老年人、黑人和同性恋者等这些受到压制和处境不利的群体以"特殊代表权"），是为了通过"特殊对待"来不断克服他们受到压制的弱势处境，最终获得平等对待。这种特殊要求完全有可能在公民政治的视野中被接受，将它们视为"通往一个不再需要特殊代表权的社会之路的权宜之计，社会应当试图取消这些压制，从而消除这种权利的必要性"[1]。公民政治可以吸纳这种差异政治的诉求，寻求逐步减少并最终消除这些差异及其需要的特殊待遇，而不是让这种差异扩大、延续或永久化。

其次，我所构想的调和论主张"差异化地对待差异"的原则。在认识到自由主义普世公民观之缺陷和局限的同时，这种调和论反对以相对主义的"平等"立场接纳和容忍所有身份差异的政治要求，拒绝将所有身份、所有利益和所有差异性视为具有同等的正当性与合法性。这意味着在两个方面对各种不同的差异性予以差异化的对待。第一，依据激进民主、差异政治和身份政治等理论实际上共同接受或默认的政治规范性原则，在可能的情况下，区别正当的与非正当的差异性诉求。比如，最为明显的，在某种文化习俗中保留的女性割礼（阴蒂切除）或对儿童的暴力性规训（教育方式），

---

1 Will Kymlicka and Wayne Norman, "Return of the Citizen: A Survey of Recent Work on Citizenship Theory", p.311.

这种作为特殊群体的身份诉求，违背了公民基本权利的规范要求，不能以多元文化的理由被正当化，应当视为不合法的差异要求。墨菲本人也反对极端形式的多元主义，因为它否定了任何建立规范标准的可能。她主张，"为了使我们对多元性的承认不至于导致彻底的冷漠与彻底的无可区分，标准必须存在，用以判定什么是可容许的而什么不是"。[1]第二，"差异化地对待差异"也要求在即便正当与合法的差异性诉求中，在可能的情况下建立优先性排序。一种基于群体身份的特殊要求，需要在对照其他群体身份的要求以及社会整体要求的平衡考量中予以评价。并不是所有正当的特殊要求都具有等同的优先性。满足某种特殊需求往往需要付出代价，包括损失其他群体利益以及社会资源的代价。比如，在关于"转性别"身份这一特殊群体的如厕问题的争议中，需要予以优先性评判。当然，优先性的差异化是高度语境依赖的判断，往往存在困难但并非不可能。差异化地对待差异的原则意味着某种选择性的排斥，总是有些特殊需求被漠视或压制了。以公民政治的立场来看，一方面对于所有漠视和压制需

1　Chantal Mouffe (ed.), *Dimensions of Radical Democracy: Pluralism, Citizenship, Community*, p.13.

要提出正当合理的辩护理由，同时在另一方面，承认任何可能企及的正义政治秩序也无法彻底消除忽视与压制。

再次，这种调和论强调，身份政治在实践中尽可能将自身诉求的特殊语言"转译"为公民政治的语言或其可理解的语言。比如，如果将"黑人的命也是命"口号改写为"珍惜所有生命，黑人同样如此"是否能够在身份政治与公民政治之间建立更紧密的联系呢？所有的转译都可能有损失，但在政治实践中需要从现实主义的角度做出得失权衡。而这种权衡要求身份政治的实践者既立足于自身的群体特殊性，又有抽离自身立场转向公民共同性的视域从而展开反思的时刻。马克·里拉或许对身份政治缺乏更充分的同情理解，但他对其现实政治策略提出的批评值得认真对待。他对美国两大政党的网站主页做过对比，共和党的主页醒目地突出了一份名为《美国复兴原则》的文件，包括对11个广受关注的政治问题的立场声明。而民主党的网站主页上找不到类似的原则性声明，只有多达17个不同身份群体的网站链接，其内容是分别提出各自不同的主张和诉求。[1] 这种各自分离的身份

---

1 Mark Lilla, *The Once and Future Liberal: After Identity Politics*, pp.11–12.

诉求明显缺乏整合性与广泛的感召力，就政党政治的策略而言是失败的。当然，身份政治无法化约为公民政治，因此不可能将其所有诉求都有效地转译为公民政治的语言，但仍然可能"转译"为公民政治能够理解的语言。实际上这种努力是可欲的，也是可为的。上文所举杨的经典论文《政治与群体差异：对普世性公民观理想的批判》，以有力的证据与清晰的论证对差异性公民观做出了精湛的阐述，对于持有自由主义公民政治立场的读者而言，即便不能全部接受同意她的观点，却也完全能够理解她的论述。这表明里拉所批评的当前美国大学研讨课上出现的情景——仅仅以特定身份来宣示立场，固执己见，回避论证，最终停止对话——要么是一幅扭曲的漫画图景，要么在相当程度上是可以避免的。

最后，这种调和论也意味着对政治自由主义方案的重新阐述。那种"文化多元，政治整合"的流行理解，可称之为"文化无约束的政治共识"观点，认为政治共识的达成完全不需要触动和改变多种多样的文化差异。群体和个人的文化多样性不仅是事实，而且是可欲的、值得提倡和鼓励的。文化尽可以保持千姿百态的差异，这并不会真正阻碍在政治上达成的重叠共识。但这种"文化无约束的政治共识"观点在理论上是错误的，其实践后果是令人担忧的。"重叠共识"并不是建基于各种信仰之间碰巧发生"交集"的共同之处。不同文化观念正好相互"重叠"的部分在政治规范原则意义上可能是无关紧要的，而在最需要达成共识的政治秩序的规范原则与程序方面，彼此的交集可能恰恰难以出现。因此，罗尔斯所构想的政治自由主义，要求不同"整全性学说"的信奉者做出必要的改变，包括重新定位、调整和克制自己的整全性信仰，这才有可能对政治的正义原则达成共识。这也是他强调"公共文化"与"公共理性"重要性的缘由之一。因此，恰当理解的政治自由主义依赖于某种文化基础，需要在各种身份文化之间建立一种共享的政治文化，这不只是包容和尊重各种各样文化（信仰、价值和生活方式）的差异，同时也要求一定程度的文化同化，要求各种社群与个人的文化诉求在实践中受到约束和调整，为民主政治得以健康运行创造相适应的文化条件。

---

* 本文原名"西方社会的政治极化及其对自由民主制的挑战"，载许纪霖、刘擎主编：《西方"政治正确"的反思》，"知识分子论丛"（第15辑），南京：江苏人民出版社，2018年。

导 论

大撤退

唐纳德·特朗普现在是美国总统了。他的意外胜利终于 3
激活了美国的自由主义者和进步主义者。他们正忙于组织他
们所谓的"抵制"特朗普所主张的一切。他们正在社交，游
行，并出现在市民大会[*]中，还打爆了国会议员的电话。激
动人心的言论已经出现了：要在中期选举中赢回参众两院
的议席，并在三年后夺回总统宝座。他们已经开始搜寻候选
人，一些工作人员无疑已经开始做梦，想着他们将占领白宫
西翼的办公室^{**}。

◇

要是美国政治有这么简单就好了。失旗，夺旗^{***}。我 4

---

* 市民大会（town hall meetings）是美国政客了解并直接听取民意的群众性集会，这
  种集会并不一定在市政厅中举行，也可以在图书馆、教堂、学校等场所举行。由
  于这种集会常常是政客与公民之间的面对面交流，所以成了公民抗议的理想场
  所。——星号注为译者注，下同

** 位于白宫西翼的办公室群是白宫的核心地带，总统办公室、内阁室、战情室等重要
  办公室都在那里。

*** 夺旗（capture the flag）是欧美的传统运动，要求把对方基地里的"旗"带到己方的
  基地。

们自由派曾经玩过这个游戏，有时候还赢了。1980年罗纳德·里根大选获胜后的十个任期中，我们民主党总统就占了四个任期，而且比尔·克林顿政府和巴拉克·奥巴马政府在任期内都取得了重大的政策胜利。但是，撕开总统大选的外表，情况就变得漆黑一团，变幻莫测了，而总统大选似乎遵循着自己的历史节奏。

克林顿和奥巴马的施政纲领充满了希望与变革，因此，他们当选，然后又连任。但是，国会中的共和党人自信满满，最高法院又倾向右翼，并且共和党掌控的州政府数量逐步占据多数，这些几乎时时刻刻都在阻挠着他们。这些总统竞选获胜了，却无法阻止或者哪怕延缓美国的公共舆论向右转。事实上，这在很大程度上要归功于无耻且极具影响力的右翼传媒复合体（media complex）。它们掌权时间越久，公众就越是把自由主义蔑视为一种政治教条。而现在，我们面临着这样的状况，极右翼民粹主义网站将半真相、谎言、阴谋论与捏造混合成一种有毒的佳酿，而轻信者、愤怒者和危险者正如饥似渴地吞咽着这些佳酿。自由派已经成为美国意识形态的第三派了，他们落后于自封的独立人士和保守派，甚至在年轻选民和某些少数群体中也是如此。我们已经被毫不含糊地否定了。老实说，唐纳德·特朗普其人并非我们的最大忧患。如果我们的目光不超越他，我们就希望渺茫。

21世纪的美国自由主义正处于危机之中：我们这边，是想象力和雄心抱负的危机；而广大公众那边，是忠诚和信任的危机。大多数美国人明确表示，过去数十年来，无论我们传达怎样重大的信息，他们都不再回应。即使他们投票给我们的候选人，他们对我们的（特别是有关他们的）言说和写作方式、我们的争论方式、我们的竞选方式、我们的执政方式还是产生了越来越多的敌意。亚伯拉罕·林肯的名言再次恰逢其时：

> 公众的情绪就是一切。有了它，什么都不会失败；反对它，什么都不会成功。任何左右公众情绪的人，都比制定法令者或宣布司法判决者的影响更为深远。

6

美国右派从骨子里理解民主政治的这个基本规律，这就是为什么它有效控制了这个国家的政治议题长达两代人。

而自由派却始终拒绝接受。就像抄写员巴托比*一样，他们
"不愿意"。问题是，为什么？为什么那些宣称为伟大的美国
人民代言的人，却对激发美国人民的情感并获得美国人民的
信任如此漠不关心呢？这是我想要探讨的问题。

我以一名怅然若失的美国自由派的身份写作本书。我
的沮丧并非针对特朗普的选民，或那些露骨地支持这个蛊
惑民心的民粹主义政客崛起的人，或那些为他的竞选活动
加油助威的媒体人，或那些站在特朗普那边的怯懦的华盛
顿政客。总有人会和他们较量。我的沮丧源于一种意识形
态，几十年来它使自由派无法发展出美国及其未来雄心勃
勃的愿景，来鼓舞这个国家来自各行各业和五湖四海的公
民。这个愿景会引领民主党，助它赢得大选并长期把持我
们的政治机构，如此，我们就能够实现我们想要且美国也
需要的变革。自由派将许多事物引入竞选：各种价值、承
诺、政策提议。而他们没有引入的是一幅我们所共享的生
活方式可能是什么样子的图景。自从罗纳德·里根当选美

---

* 出自赫尔曼·梅尔维尔（Herman Melville）的小说《抄写员巴托比》（*Bartleby, the Scrivener*）。巴托比总是拒绝与他人沟通，"我不愿意"是他的口头禅。

国总统以来，美国右派就已经提供了一幅图景。而正是这幅图景成为其力量的终极来源，不是金钱，不是虚假广告，不是传播恐惧，也不是种族主义。自由派已经退出了美国的想象竞赛。

　　本书就是自由派大撤退的故事。本书的论点可以扼要概括如下：我主张借用基督教神学术语，将过去一个世纪的美国政治史有用地区分为两个"时代"（dispensations）*。第一个是罗斯福时代，它从罗斯福新政时代开始，历经1960年代的民权运动与伟大社会（the Great Society）**时代，然后在1970年代寿终正寝。第二个是里根时代，它始于1980年，　　8
而今一个毫无原则的民粹主义投机分子正在给它送终。每个时代都伴随着一种鼓舞人心的美国命运形象，以及一套设定政治辩论规则的独特教义。罗斯福时代所描绘的美国

---

　*　Dispensation 是一个非常难译的词语，在里拉本人的建议下，酌译为"时代"。然而，需要加以说明的是，里根时代并不仅仅指里根执政时期，它还包括受里根主义影响的后续时期。在里拉看来，特朗普执政时期依旧属于里根时代。关于 dispensation 的具体含义，请参考本书第50—51页。
　**　1960年代美国总统林登·约翰逊（Lyndon B. Johnson）和国会的民主党议员提出"伟大社会"的政纲："美国不仅有机会走向一个富裕和强大的社会，而且有机会走向一个伟大的社会。"

形象是，公民们参与了一项互相防范风险、困难互助以及互相警惕防止被剥夺基本权利的集体事业。它的口号是团结、机遇与公共义务。里根时代所描绘的则是一个更加个人主义化的美国形象，家庭、小型社区和小型企业一旦从国家的束缚中获得解放就能够蓬勃发展。它的口号是自力更生和最小政府。第一个时代是政治的，而第二个时代是反政治的。

自由派的大撤退始于里根时期。随着罗斯福时代的终结，以及互相团结且野心勃勃的右派的崛起，美国自由派面临着一系列严峻的挑战：要发展一个美国共同命运的新政治愿景，这个愿景既要适应美国社会的新现实，又要从旧路径的失败中吸取教训。然而，自由派却没能做到这些，反而投身于身份政治运动，从而丧失了一种我们作为公民所共享的以及将我们团结为一个国家的意识。罗斯福式自由主义和支持它的工会的形象是双手紧握。而身份自由主义反复出现的形象是，一面棱镜将一束光折射组成它的各种颜色，从而成为一道彩虹。这说明了一切。

当然对美国右翼来说，身份政治并非什么新鲜事。里根时代令人惊讶的是左翼身份政治的发展，这种身份政治成了两代自由派政客、大学教授、中小学教师、记者、运动积极分子和民主党官员的实际信条。这并不是历史的意外。因为被身份所深深吸引，然后沉迷于身份不能自拔，这些都没有挑战里根主义的基本原则。相反，它强化了这个原则：个人主义。左翼身份政治最初关乎各色人等（非裔美国人和妇女），它试图纠正重大历史错误，其途径是调动并通过我们的政治机构来保障他们的权利。然而，到了1980年代，这种身份政治已经让位于一种伪政治了，这种伪政治的内容是，我们的大学院校目前正在培养的自尊和日益狭隘且排他性的自我定义。这么做的主要后果是，使得年轻人退回自身，而不是让他们朝外走向更广阔的世界。这让他们没有准备好去思考共同善，并且必须切实做些什么来争取共同善，尤其是说服跟自己截然不同的人参与进来共同努力这一艰巨而乏味的任务。自由主义身份意识的每一次增强，都标志着自由主义政治意识的退却。没有自由主义政治意识，就无法想象美国未来的愿景。

10

　　因此，今天如此多的美国人对"自由主义"一词即使不是怀有敌意，也是无动于衷，这也就不足为奇了。自由主义被认为是一种主要由受过良好教育的城市精英所信奉的信条，这种说法也不无道理。这些城市精英跟这个国家的其他人隔绝，他们主要透过身份的滤镜来看待当今的问题，且集中精力关心并培育高度敏感的运动。然而，这些运动非但没有集中左翼的残余力量，反而驱散了他们。跟中间派评论家（coroners）对2016年大选的分析相反，民主党失利的原因并不在于他们已经偏离左翼太远了；也不是像进步主义者所主张的那样，在于民主党已经偏离右翼太远了，特别是在经济问题上。民主党失利，是因为他们在曾经是一座大山的那一侧为自己挖掘了洞穴，并且已经撤退到了洞穴里面。

　　这种撤退最明显的证据莫过于民主党的主页。就在我写作本书的此时此刻，共和党网站的主页突出显示了一份题为《美国复兴原则》（"Principles for American Renewal"）的文件，它对11个广泛的不同政治问题申明了立场。这份清单从宪法开始（"我们应该维护、珍视并尊重我们的宪法"），以移民问题结束（"我们需要一个保护边境、维护法律、促进经济发展的移民制度"）。而民主党的主页上却没有这样的文件。相反，当你滚动到主页底部时，你会看见一个名为"人民"的链接列表。每一个链接都链向一个专为吸引不同身份群体而量身定制的页面：女性、西班牙语裔美国人、"各族裔美国人"、LGBT（性少数群体）社群、美国原住民、非裔美国人、亚裔美国人和太平洋岛屿居民……共有17个这样的群体，以及17条不同的信息。你大概会认为自己不小心错上了黎巴嫩政府的网站，而不是一个对美国未来怀有愿景的政党网站。

　　但是，对身份自由主义所提出的最要命的指控也许是，身份自由主义宣称要关心那些不同的身份群体，却反而使他们变得更加容易受伤害。自由派特别关注少数族裔是有充分理由的，因为他们最有可能被剥夺权利。然而在民主制中，有意义地捍卫他们的唯一方式，不是空洞的承认和"歌颂"姿态，而是赢得选举，并在各级政府中长期掌握权力。要做到这一点，唯一的方法是要有一个尽可能吸引更多人，并让他们齐心协力的理念信号。而身份自由主义却反其道而行之。

　　身份自由主义迷失方向导致了现实世界的后果。在国家

12

一级保障宪法意义上的堕胎权是一回事，而在州和地方各级
确保不虚设障碍来阻止获得堕胎权则完全是另一回事。投票
权和其他问题亦然。例如，我们想保护黑人司机免受警察虐
待，或者保护同性伴侣在街上免受骚扰，那么，我们需要州
检察官普遍愿意起诉此类案件，并且州法官愿意执行法律。
而确保我们拥有州检察官和州法官的唯一方法是，选出愿意
任命这些人的自由派民主党州长和州议员。

13

然而，我们甚至都没有参与竞争。共和党成功地让许多
公众相信自己是蓝领男工人（Joe Sixpack）[*]的政党，而民主
党则是白领女精英（Jessica Yogamat）^{**}的政党。结果，如
今国内某些地区彻底被共和党激进右翼所支配，从而使一些
联邦法律甚至宪法保障实际上沦为一纸空文。如果身份自由
主义者从政治角度，而不是从伪政治（pseudo-politically）

---

* 直译为"六听啤酒乔"，美国人以这个虚拟形象来指代蓝领工人。里拉在和译者的通
信中解释，典型的"六听啤酒乔"从未受过高等教育，在汽车厂工作，工作之余和
朋友们一起喝六听装的啤酒，周末看看橄榄球，有四个孩子，车上贴着星条旗贴纸，
他们的选票通常投给共和党。

** 直译为"瑜伽垫杰西卡"，指职业女性。里拉在和译者的通信中这样描绘典型的"瑜
伽垫杰西卡"：拥有一份高薪职业，平时做做瑜伽，喜欢通过短信而不是电话交流，
是坚定的自由派，并且只有一个孩子。

角度来思考，那么，他们就会全力以赴地在地方各级扭转局
面，而不是在华盛顿又组织一场游行，或者又准备一份联邦
法院诉讼要点。身份自由主义的悖论是，思考能力和行动能
力在一定程度上确实可以得到身份自由主义宣称想要得到的
事物，然而，身份自由主义却使自己丧失了这种思考能力和
行动能力。身份自由主义沉迷于各种象征符号：它想在各种
组织中实现表面的多样性；它想重述历史来关注那些边缘的
而且常常是卑微的群体；它想编造无伤大雅的委婉说辞来描
绘社会现实；它想保护那些已经习惯于血腥电影的年轻人的
耳朵和眼睛，不让他们接触到扰乱人心的不同观点。身份自
由主义不再是一项政治规划，反而演变为一项福音工程。两
者的不同之处是：福音主义在于向权力吐露真理，而政治则
在于夺取权力来保卫真理。

14

　　没有"我们"的意识，就没有自由派政治——所谓"我
们"指的是，我们作为公民意味着什么，我们彼此负有什么
义务。如果自由派希望有一天能够重新吸引美国人的目光，
从而成为全国各地的主导力量，那么，仅仅靠恭维传说中的
蓝领男工人的虚荣心尚不足以击败共和党人。他们必须提供

15　一个关于我们共同命运的愿景，这个愿景基于全体美国人真正共享的一种东西，无论他们的背景如何。而这个东西就是公民身份（citizenship）。我们必须重新学习如何**把公民当公民那样**来对他们言说，如何根据人人都确信的原则来建构我们的诉求，包括那些有利于特定群体的诉求。我们的诉求必须成为一种公民自由主义（civic liberalism）。[1]

　　这并不意味着回到罗斯福新政。未来的自由派不能像昔日的自由派那样；太多事物已经改变了。然而，这就需要打破奴役了两代人的身份政治魔咒，这样，我们就能够关注我们作为公民所共享的东西。我希望说服我的自由派同伴，他们目前看待美国、向美国言说、教育年轻人以及参与政治实践的方式已经误入歧途且适得其反了。他们必须停止撤退，并采取一种新的路径。

16

◇

　　一个令人喜忧参半的事实是，这是半个世纪以来自由

---

[1] 一旦提及"公民"这个术语，人们就会联想到那种伪善的、种族主义的煽动行为，这就像我们今天就移民问题与难民问题所进行的"辩论"，由此可见，我们的政治话语被污染得有多么严重。我不打算在此讨论这些问题。我要说的公民身份并不是指应该给谁公民身份，也不是指应该如何对待非公民。——原书注释均以数字序号标注，下同

派开始赢回美国的最佳时机。共和党在特朗普当选总统后就陷入混乱了，并且在思想上也已经破产了。如今大多数美国人都认识到，里根的"山巅闪耀之城"（shining city upon a hill）*已经沦为锈带（rust belt）**城镇：商铺长期关门；废弃的工厂杂草丛生；城市里的水不可饮用且枪支遍地；全国各地的家庭靠着最低工资的兼职工作勉强度日，还没有医疗保险。这就是美国！民主党人、独立人士以及许多共和党选民都觉得他们被自己的国家抛弃了。他们希望美国重来一次。

但是在政治上，没有"重来"，只有未来。美国的未来没有理由不该是自由主义的未来。我们要传达的信息可以并且应当是简单明了的：我们是共和国，不是露营地。公

＊　"山巅之城"（city upon a hill）语出马萨诸塞湾殖民地总督约翰·温斯罗普（John Winthrop）1630年的著名布道辞《基督教仁爱的典范》（"A Model of Christian Charity"）。温斯罗普引用《圣经·马太福音》第5章第14节耶稣登山宝训的典故："你们是世上的光。城造在山上，是不能隐藏的。"意指殖民者与上帝有特殊契约，未来的马萨诸塞湾新社区必将举世瞩目。"山巅之城"是美国例外论（American Exceptionalism）可追溯的最早出典，在美国政客中广为引用。里根总统在其从政生涯中多次提及"山巅闪耀之城"，在上帝的庇佑之下，坚不可摧，充满活力，向全体美国人开放，而不论其肤色、种族、宗教或政治信仰为何。

＊＊　锈带主要分布于密歇根、威斯康星、印第安纳、伊利诺伊、俄亥俄、宾夕法尼亚等州，那里一度是美国制造业重镇，但是随着制造业陆续迁往海外，这些地方经济低迷，就业市场萎缩，犹如废弃的工厂锈迹斑斑。

民并未过气。他们不是被连累的对象（collateral damage）。他们不是分布曲线的尾端（the tail of the distribution）。一个公民仅仅因为是公民，就是我们中间的一分子。从前，我们并肩而站，保卫国家，抵御外敌。如今，我们必须在家中并肩而站，确保我们中间无人面临落后的风险。我们都是美国人，我们彼此负有义务。这就是自由主义的含义。

常言道，美国自由派赫赫有名的是从不错失错失良机的良机（never missing an opportunity to miss an opportunity）。但愿这次不会预言成真。唐纳德·特朗普的当选在自由主义者与进步主义者中间释放出巨大能量，甚至连他们似乎也对他们自己中间所发现的能量感到惊讶。左翼的大众潮流已经兴起来抵抗右翼的民粹主义潮流，观察到这个现象是鼓舞人心的。但是"抵抗"还不够。我们的短期战略必须是，我们要将每一点能量都投入到选举政治之中，这样，我们才能真正实现我们声称要实现的变革。而我们的长期抱负必须是，我们要去发展一种真正从自由主义价值中产生，却把每个公民都当作公民那样来对他们言说的美国愿景。这就要求我们重新定位我们的思想与实践，但最重要的是，这意味着将身份时代抛诸身后。身份时代赶快过去吧，是时候醒醒了！

第一章

反政治

我看到一大群相似而平等的人，他们不停地围着自己转，从而追逐庸俗的小确幸来填充自己的灵魂。每个人都离群索居，漠不关心他人的命运。对于他而言，他的孩子和朋友就是整个人类。对于他的公民同胞，他们近在咫尺，他却视而不见；他们触手可及，他却毫无感知。他只是独自存在于自己的世界，并且只为自己的世界而生存。尽管他依旧有家庭，但是他不再有国家。

——托克维尔*

我的理想公民是在家接受教育、拥有个人退休账户和秘密持枪许可证的自由职业者。因为这样的人不会为了任何东西而需要该死的政府。

——格罗弗·诺奎斯特（Grover Norquist）**

---

* 语出托克维尔《论美国的民主》下卷第四部分第六章《民主国家惧怕何种专制》。本书所涉里拉引用的文献，虽其中一些已有中译本，但译者考虑到里拉引用时的语境，另作翻译。

** 这段话可见于 Michael Scherer, "Grover Norquist: The Soul of the New Machine", *Mother Jones*, January/February, 2004（该文网址：https://www.motherjones.com/politics/2004/01/ grover-norquist-soul-new-machine/）。

1981年1月，美国新总统领导着一个重焕生机的政党宣誓就职了。*然而，这给人的感觉好像是，某件比总统选举更重要的事情刚刚发生了。**旧事物烟消云散；看！一切事物焕然一新。**1970年代末的美国是怎样一个死气沉沉的所在，又是如何迷失方向，如何信心全无，这一切都难以向没有生活在那个年代和对那个年代缺乏政治意识的任何人言表。从罗斯福新政和约翰逊"伟大社会计划"继承而来的所有口号、所有旧信念、所有旧路径，都显得苍白无力。它们无法说服任何人，也无法激励任何人。而新一代受过良好教育的保守派知识分子，却具有严肃的改革政府而不是废除政府的新思想，而这些新思想是他们真心相信的，这使他们看起来好像是班上最聪明的孩子。他们的观点说服了数百万美国人把票投给罗纳德·里根，然而我们对他们的观点却缺乏细致的研

---

* 美国新总统指的是里根，政党指的是共和党。

** 此句出自《圣经·哥多林后书》第5章第17节。中文《圣经》和合本的译文是"旧事已过，都变成新的了"。和合本依据的是英文《圣经》Revised Version，该句的英文是"the old things are passed away; behold, they are become new"。而里拉英文原文"Old things are passed away; behold, all things are become new"依据的是英文《圣经》King James Version，两者之间略有不同。因此，译文依据里拉英文原文译出。

究。正是因为里根跟公众建立了想象性的联系，从而把这些思想转化为一种圣灵的显现*，这是一种伪装成旧的实际却是新的国民生活方式愿景。而这使他把自己打扮成一个**朴实而腼腆**的施洗者约翰（John the Baptist）。总统大选前一年，八分之七的美国人表示他们对这个国家的状况并不满意。而到了1986年，只有四分之一美国人这样认为。哈利路亚！

自由派民主党人对此嗤之以鼻，这是他们的第一个错误。他们就是无法理解这个事实，他们所遭遇的里根时代不是"冷战"和扶轮社**式空谈的翻版，好像里根是细条纹阶级***手中的傀儡，鹦鹉学舌般背诵了他们为他预备的台词。他们所遭遇的是一个新政治时代（dispensation）。政治时代难以定义，甚

---

　*　里拉在致译者的书信中解释，这里的"圣灵的显现"（epiphany）指的是，圣保罗在前往大马士革的路上，遇到耶稣显现，从而皈依基督教的神迹。

　**　1905年2月23日，哈里斯（Paul P. Harris）于芝加哥创立全球第一个扶轮社（Rotary Club），首次聚会共有4人出席。由于他们每周轮流（rotate）在各个社员的办公室中聚会，所以，他们便自称"扶轮社"。后来，扶轮社逐渐扩展到世界各地。扶轮社的目的是促进职业交流，提高职业道德，提供社会服务，因此，它们要求扶轮社友来自不同的职业，而且每周组织聚会。

　***　里拉在致译者的书信中解释，细条纹阶级（the pin-striped classes）是银行家和华尔街投资人的旧称，他们的标志性特征是身穿细条纹西装，头戴高顶礼帽。他们许多都是扶轮社员，并持有简单而空洞的资本主义观点。某些自由派认为，里根是这些银行家和投资人所操控的傀儡。

至也难以觉察，除非它走向终结并且修辞与现实之间突然产生了鸿沟。时代的基础不是一套原则或论点，而是使原则和论点具有心理力量的情感和知觉。大萧条来袭时，关于财政责任和均衡预算的理智讨论越来越微弱，而关于"被遗忘者"命运的讨论却越来越激烈。整个镀金时代都存在着被遗忘者，预算问题也同样存在。然而，不知何故，一切看起来都变了样，一切感觉起来都大不相同。随着罗斯福当选总统，一个开关打开了，一个临界点到来了，一种格式塔（gestalt）转变了——请选择你的隐喻吧！而且，这种情况一旦发生，就无法回头。如果你对一个时代的辩论规则不满，你别无选择，只能准备一套新的辩论规则。怀旧就是自杀！

23

如果你只是等待人民起来反抗篡夺者，那么，这种想法就太懈怠了。共和党人在罗斯福身上犯了这种错误，而民主党人则在里根身上犯了这种错误。我们绝对不能忘记，要在长达一个选举周期以上的时间里打动人心并不容易。如果一种意识形态持续存在，那就意味着，这种意识形态抓住了社会现实中某种重要的东西。对此，马克思是正确的：物质条件有助于决定什么样的历史时刻回荡着什么样

24

的政治思想。罗斯福时代（the Roosevelt Dispensation）之所以延续了40多年是有具体的物质原因的，而里根时代（the Reagan Dispensation）之所以持续了大约与之相当的时间也是有新的具体物质原因的。这意味着，如果自由派真的想在公众想象中取代里根主义，他们必须首先理解为什么里根主义会崛起，并且在如此长的时间里都具有说服力。首先，美国社会经济生活中的哪些变化使得这种意识形态具有可行性？

回答这个问题是一项重要的演练。不管自由派最终提出的美国及其未来的愿景是怎样的，这种愿景都必须基于我们冷静而现实地观察我们现在的生活方式。我们走进政治所面对的是我们现在所拥有的国家，而不是我们所希望的国家。里根主义之所以持续存在，是因为它并不向大多数美国人的生活方式和思维方式宣战。它做得恰到好处。而里根主义之所以失去力量，是因为里根主义教条和社会现实之间的矛盾变得太尖锐了。身份自由主义同样如此。身份自由主义之所以汲取了力量，是因为它也跟里根主义所应对的某些深刻的社会变革协调一致。而现在，鉴于我们国家的处境，我们需要其他东西了。然而，我们首先需要理解我们是如何走到这一步的。

25

基本粒子

一场革命可能会遮蔽另一场革命。在历史记忆中，1989年是苏联帝国的崩溃时刻，被认为随之而去的是全世界对共产主义和革命政治所寄予的全部希望。对于美国的某些官僚和评论家而言，这甚至意味着，自由民主政体已经取得圆满成功，因为它是最后幸存的政治意识形态，甚至也许是全人类浑然不觉地在历史中共同奋斗的目标。这是洋洋得意的胜利时期，因而也充满了各种反讽。

最大的反讽是，"冷战"的最后十年，民主政治理念在全世界蓬勃发展，然而美国人投入民主政治的实践却越来越少了。东欧的铁幕倒塌之后，宪法起草的严肃工作开始了；从行政分支、立法分支和司法分支的相对权力，到哪些基本权利和社会保障应该纳入法律，所有这一切都进行了认真的辩论。新政党成立了；接着，新政党内部的派系产生了；然后，派系分裂了，甚至成立了更新的政党。对于那些几代人都无法决定其集体命运的民族来说，所有这一切都是非比寻常的经历。最终，他们是公民了。

然而在美国，画面却截然不同。尽管里根公开支持波

26

兰团结工会（Solidarity in Poland）等亲民主团体，并且戏剧性地呼吁苏联领导人戈尔巴乔夫拆除柏林墙。但是在国内，他却被这样一些人选为总统，这些人根本无法看清争论共同善并通过政治参与来实现共同善的意义。一种新的人生观已经在美国落地生根，在其中，个人的需求和欲望近乎绝对优先于社会的需求和欲望。这场潜移默化的革命比任何特殊的历史事件都更深地塑造了过去半个世纪的美国政治。

◇

27　　每一场革命都有物质前提，这场革命也不例外。"二战"后30年持续的经济发展和技术进步是史无前例的。工资不断上涨，公共政策激励人们买房买车，这些都促使美国主要城市周围的郊区蓬勃发展。接着，美国人口逐渐缓慢地南移和西迁。当人们离开家人和朋友所组成的古老而熟悉的邻里社区，从而接触困扰着任何大城市的社会问题时，他们发现自己身处似乎全新的所在，周围环绕着他们从未接触过且似乎只是擦身而过的别人，就像他们自己一样。这些郊区就像一片玩具边疆（toy frontier），舒适的郊区拓荒者生活在错层的空调大篷车里。*中产阶级生活的方方面面几乎都在外面的世界发生了变化。

　　考虑一下家庭问题吧。多亏了新家用电器和汽车，1950年代的家庭主妇发现自己更加独立了，而且也从某些繁重的家务活中解放出来了，但是，她们也更加孤立，更加缺乏工作机会。到了1960年代，沮丧的家庭主妇成为我们的文学和电影中的刻板形象了。不久，她们又成为女权主义新浪潮的"热情之花"（*la pasionaria*）。避孕药、无过错离婚和合法堕胎使夫妻双方的性爱都各自独立了。不足为奇的是，离婚率飙升了，男性女性都越来越晚婚了，或者干脆就不结婚了。同样不足为奇的是，越来越多的母亲很快发现自己要独自挣扎着抚养孩子。接下去的数十年间，孩子们的生活也改变了。他们的兄弟姐妹越来越少，所以，他们逐渐习惯于花费大量时间独处，或者，他们在为了抗议沙漠风暴行动**而装备起来的SUV中被送来送去。他们居住于实际上封闭的社区里，在那里，他们从未学会散步并跟人

28

---

* 里拉在致译者的书信中解释，他的用意是为了在19世纪美国的西部拓荒者和这里的郊区拓荒者之间进行讽刺性的对比。前者乘坐大篷车前往西部边疆，并且居住在自建的小木屋里，而后者开着舒舒服服的小汽车，生活在几乎一模一样的郊区房子里。跟西部边疆相比，郊区看起来就像是小儿科，郊区的房子看起来就像是一排排玩具房子，因此里拉称之为玩具边疆。

** 沙漠风暴行动（Operation Desert Storm）是1990—1991年美军在海湾战争期间所使用的行动代号。

见面；在那里，人们看到一个小孩孤身一人步行上学，会关切地报警，而警察会责备父母冒这种风险。最终，孩子们上了大学，通常是远离家乡的大学。毕业后，他们成为二三十岁独立的新城市阶级的一员，除了对自己负责之外，他们不对任何人负责。他们在节假日期间匆匆拜访他们的父母和兄弟姐妹，要不然就在网上保持联系。直到他们最终结婚，搬到了郊区，整个循环又开始了。

29　　　　　　　　　　◇

　　我们已经成为一个高度个人主义的资产阶级社会，无论是物质上，还是我们的文化教条上。长期以来美国人都要求个人自主，而今所有曾经抑制了这种要求的思想、信仰或情感几乎都丧失殆尽了。**个人**选择。**个人**权利。**自我**定义。我们言说这些词语，仿佛是婚礼誓言。我们在学校里听到这些词语，我们在电视里听到这些词语，我们在沉闷的华尔街董事会会议室中听到这些词语，我们在光线充足的硅谷婴幼儿游乐场中听到这些词语，我们在教堂里听到这些词语——我们甚至在床上都听到这些词语。我们频繁听到这些词语，以至于我们除非使用这些自负的术语，否则就难以思考或者谈论任何话题。因此，不难预料的是，我们的政治最终将被这同一种自负所牵绊、所感染，而我们的政治词汇将会被修正来适应这种新现实。1974年，哈佛大学哲学家罗伯特·诺齐克出版了一本题为《无政府、国家与乌托邦》的畅销书。他主张，如果我们认真对待个人权利原则，那么，我们只能证成一个最低限度国家。他的观点让许多人感到震惊。而没有让他们感到震惊的是诺齐克观点背后不容置疑的假设，而这是他们所共享的：

> 没有任何社会实体具有一种善，从而使之为了其自身的善而经受某种牺牲。有的只是个人（individual people），不同的个人有着各自的个人生活。为了他人的利益而利用其中一个人，利用他和让他人受益。只是这样罢了！……讨论社会总体善就掩盖这个事实了。[*]　30

"我们"的概念现在看起来是可疑的。我们难以想象里根读过诺齐克的著作，但是，他不必读。可以说，他们呼吸着

---

* 这段话出自诺齐克的《无政府、国家与乌托邦》，参见 Robert Nozick, *Anarchy, State, and Utopia*, Oxford: Blackwell, 1974, pp. 32–33。

相同的文化空气。然而，要是里根当选总统了，那么就是演员，而不是哲学家实现了从潜在到现实的飞跃，并把朴素的自由至上主义信条转化为美好生活的想象性愿景了。而他确曾是演员。

每一个政治时代都有一套教义（catechism），里根的也不难记住。它有四个简单的信仰条款：

第一，美好生活是自给自足的个人生活。个人也许扎根于家庭、教会和小型社区，但个人不是具有共同目标且互相负有义务的共和国公民。

第二，我们必须优先考虑创造财富，而不是财富再分配，这样，个人和家庭才能保持独立并繁荣兴旺。

第三，市场越是自由，就越是发展，越是使人人富裕。

第四，用里根的话来说，政府"就是问题"。不是专制政府，不是无能政府，也不是不义政府，而是政府本身。

这套教义不是任何传统意义上的保守主义。它认为，自我决定优先于传统的依赖和义务关系是不证自明的。而对于（从家庭到国家的）集体的自然需求，抑或我们满足这些自然需求的义务，它却几乎只字不提。它有各种词汇用来讨论我的和你的，却没有词汇用来呼唤共同善，也没有词汇用来称呼阶级或其他社会现实。我们的生存图景是，基本粒子分散于太空中，每个粒子都按照自己的速度旋转，并沿着自己的轨道运转。[1]

32

日出

所有这些都跟罗斯福时代的教义产生了巨大的断裂。许多自由派认为，这种变化是一种堕入自私的道德沦落，因

33

1　一个社会保守派可能会反对这个观点，其依据是，我忽略了教会所提供的道德教育。然而，在里根时代，美国宗教的引人注目之处是信仰在多大程度上适应周围的自由至上主义，而不是削弱自由至上主义。在郊区化之前，主流基督教会在城市族裔社区以及乡村小镇中蓬勃发展，在这些地方，人们互相熟识。然而在郊区，人们开始逐渐疏远，抑或加入新福音派团体，而这些团体的教义是典型的没有教义，没有罪恶感，也没有社会责任感。长此以往，美国人认为只投入其中一家教会太具有局限性了，于是，他们逐渐养成了"放羊"的习惯，即根据他们的不同心情，在各个不同的星期日参加各个不同的教会。越来越多的人得救了，但是他们却形单影只。

此，他们设想，要是美国人成为"更好的人"，那么他们就会回归民主家庭了。然而，这种幻想所忽略的是，这两个时代产生于非常不同的社会现实和历史经验中。罗斯福时代早在1930年代就被人们接受了，这是因为保守派显然无法利用政府来应对当时的两大挑战：经济崩溃和法西斯主义的蔓延，而罗斯福时代却对之作出了回应。在罗斯福的领导下，大萧条和第二次世界大战时期所面临的危险被克服了，而这种危险经历却史无前例地把整个国家团结在一起了。正是这种新社会事实，而不是道德转化，使自由派发展出了一套激动人心的教义。近半个世纪以来，大多数美国人都信奉这套教义，或者干脆就认为这套教义是理所当然的。[1]

　　这套教义背后有一个政治愿景，它有关的是，这个国家曾经是怎样的，日后将是怎样的。这个政治愿景以阶级为基
34　础，但是它包括了各行各业应该得到帮助的人们（农民、工厂工人、寡妇及其孩子、新教徒和天主教徒、北方人和南

---

[1] 其中包括许多共和党人。回忆一下，理查德·尼克松曾经为州政府和地方政府的社会项目创建了一个庞大的联邦拨款网络，并建立了一个管理空气排放、水排放的强制性机构和另一个管理工人健康与安全的机构。他还试图让所有工人家庭都有最低收入保障，而更棒的是，他还提出了一个国民健康计划，为低收入家庭提供政府保险，要求雇主为所有工人购买保险，并为私人保险设置标准。

方人），这些人经受了那个时代的种种灾祸。总而言之，几乎是所有人（尽管由于美国南方民主党人［Dixiecrat］的抵制，非裔美国人实际上在许多方案中都被剥夺了权利）。*罗斯福时代，大众媒体也蓬勃发展了——高光纸印刷的周刊、新闻短片、电影以及后来的电视。50年来，这些大众媒体到处呈现各种符合罗斯福愿景的形象。醒目的不正义形象在美国人的脑海里根深蒂固了：一群群尘暴区农民向西而去；阿巴拉契亚（Appalachia）的棚屋残破不堪；罢工工人抗议警察的指控；非裔美国人因为胆敢在午餐柜台前点餐而被疯狗无赖撕咬，甚至被杀掉。但是，美国人还有一副共同合作来改善国家，甚至改善世界的形象：士兵们打败法西斯军队后举起了旗帜；他们的妻子回家后还身穿工作服操作车床；赤膊工人建造了胡佛大坝；电力电缆和电话电缆在崇山峻岭间连绵穿梭；退伍军人重返大学校园；公民们手挽手要求投票权；朝气蓬勃的和平队志愿者在国外传播美国的善

35

---

* Dixiecrat 在词源上由"dixie"和"crat"构成，前者指的是美国南方人，而后者指的是民主党人，因此，Dixiecrat 是美国南方民主党人。1948年，美国南方民主党人从民主党分裂出来，组建新的政党"州权民主党"（States' Rights Democratic Party），通称为"Dixiecrat"。该党的基本主张是宣扬州政府的种族隔离政策，反对联邦政府的种族融合政策。

意。[*]在罗斯福的愿景中，普遍的四大自由得以宣布，而且被大多数人视为是理所当然的。这四大自由是言论自由、信仰自由、免于匮乏的自由和免于恐惧的自由。这个愿景让整整三代自由派都充满信心、充满希望、充满自豪、充满自我牺牲精神和爱国主义精神。它们毫无疑问是美国的赞歌。

然而，每一套教义在时间的长河里都会变得僵化和俗套，直到它最后脱离了社会现实。而这正是1970年代美国自由主义所发生的状况。为公共善服务的集体行动是正当的，除了这个原则之外，还有这样一种信仰告白：税收、支出、规则和法庭判决始终是实现这个原则的最佳方式。到了1980年代，人们有无数理由来质疑这个假设：政府知道自己在做什么吗？人们可以信任政府去做这些事吗？例如，越南战争、水门事件以及政府在滞胀面前的无能等。伟大社会计划引入了太多方案，速度太快，言辞太浮夸，因而产生了过高的预期，导致了难免的失望。而令人沮丧的是，没有一个

---

[*]　和平队（Peace Corps）是1961年3月1日美国总统肯尼迪发布10924号行政命令而成立的志愿者组织。该组织的宗旨是促进世界和平和友谊，帮助受援助国训练劳动力，并传播美国文化。

方案似乎能够挽救大城市的衰落，扭转福利救济金申领名单（welfare rolls）的扩大。而且，某些方案显然让事态恶化了。更糟糕的是，自由派拒绝讨论新的依附性文化，也不愿言及1960年代暴力犯罪的大幅度增长，其中，大部分暴力犯罪都跟毒品犯罪无关。他们不愿直面他们所看到的，相反，他们追随着据说"怪罪受害者"（blaming the victim）的那些人。"怪罪受害者"正是1970年代极具影响力的自由主义著作的标题。[*]因此，他们在那些犯有这种原罪的中下层白人选民的心目中名声扫地了。

数十家机构未经协调就强加了许多善意的规则，而这些善意的规则正在吞噬小型企业，也开始抑制经济发展。而自由派无疑支持工会，即便他们抵制合理调适新技术，抑或只是捍卫没有参加工会的工人做梦也得不到的特权。而最愚蠢的是，当立法过程无法实现自由派所想要的（以及我也想要的），自由派就日益依靠法院来规避立法过程。法庭判决如

37

---

[*] 这本书指的是威廉·瑞恩（William Ryan）于1971年出版的著作《怪罪受害者》（*Blaming the Victim*）。该书揭露了当时美国社会的谎言：穷人之所以贫穷是因为穷人本身的问题，黑人之所以处于底层是因为黑人本身的问题。也就是说，受害者之所以是受害者被曲解为是因为受害者本身的问题，这正是其标题"怪罪受害者"的核心内涵。该书出版后在美国社会引起了巨大的反响。

雨点般降落在所有事情上，从保护稀有鱼类动物到更具有爆炸性的问题，例如堕胎和校车。自由派已经丧失了测试公共舆论的温度、建立共识以及小步迈进的习惯。而这使公众越来越受右翼主张的影响。右翼认为，司法只是受过良好教育的精英专属的帝国领地。这项指控是成立的，而且法官提名（judicial nominations）的批准从此成为一个具有高度党派性的过程了，而今右翼在其中占据了主导地位。所有这些因素综合在一起，使越来越多的美国人相信，即便他们想合作，政府的行动也是无效的、代价高昂的、适得其反的或不受控制的。

38   ◇

  进入里根时代，美国已经成为一个相对富裕、高度个人主义化且郊区化的社会了。对于这个社会的成员来说，罗斯福的政治愿景不再具有吸引力了。美国人不再觉得他们彼此之间有多么需要，也不再觉得他们彼此之间负有多少义务。所以，里根给他们提供了一个反政治的美好生活新观念，而这进一步强化了他们在新郊区的体验。里根利用了自前罗斯福时代以来就已然存在于国家想象中的旧修辞：自给自足的拓荒者和自耕农形象，餐前祷告的家庭形象，受城市生活威胁的淳朴美德形象，剥削没有受过良好教育者的自私自利的职业精英形象，以及抵制明显且即刻危险的强硬军人形象。然而，他也为截然不同的美国主流白人新阶级巧妙地更新了这些形象。不是从后院取水时听到水泵发出牛哞声的乡村家庭，而是只会在下午听到喷水系统发出呲呲声的小区居民。人们上过大学（无论时间多么短暂），在办公园区或医院工作，而不是在牧场上劳作。这些形象与现实之间的鸿沟是巨大的，但是在某种程度上却对里根有利。里根的愿景既是怀旧的，也是前卫的：它让美国人相信，如果释放出这个国家的善与创造力，那么，黄金时代的幸福就依然可以实现，它就在下一个山头。

里根摒弃了1950年代死气沉沉的、谩骂式的、末世论般的保守主义风格，传达出种种希望。在乔治·麦戈文（George McGovern）无力的请求"回来吧，美国！"之后，在吉米·卡特衣冠楚楚地泼冷水之后，里根笑眯眯地言道："黄昏？美国没有黄昏。美国每一天都是日出。"而更重要的是，里根对美国人赞誉有加，没有要求他们做出任何改变。在吉米·卡特诊断了美国的隐患之后，里根回应道："我觉

39

得没有什么国家的隐患。我认为美国人没什么问题。"他甚至胆敢告诉选民,他们应该再次选举卡特,"如果卡特使你们为你们的国家而骄傲,并使你们对我们的未来充满乐观的话"。里根巧妙地回避了问题,但又恰好提醒人们他们多么想要再次体验爱国情怀。

然而,新爱国主义并不具有政治性,当然也跟政府毫无瓜葛。里根时代,征兵的"营销"甚至也各不相同。1980年的征兵口号是"尽你所能!"(Be all you can be!),这个口号可能是从戴尔·卡内基(Dale Carnegie)的书中抄来的。电视征兵广告的焦点是服完现役后在商界所出现的技能培训和工作机会,而不是新兵在军队期间所体验的战友情谊和自我牺牲。小布什政府时期,征兵口号又变成了"一个人的军队!"(An Army of One!)——这个口号更加具有挑衅性,但同样具有个人主义色彩。

里根时代,"政府"一词产生了奇怪的回响,这种现象在美国历史中会周期性发生。当共和党人言说政府的时候,听众的脑海里就会浮现一架外星飞船降落于美国中郊(Middlesuburb)幸福居民身边的画面。这架外星飞船吞噬了所有资源，败坏了他们的孩子，并奴役了他们所有人。你永远不想听共和党人说，我们生活于民主制度下，在其中，我们可以选举议员；如果我们对他们不满，我们就可以把他们赶走；我们可以在乡镇会议上大声疾呼；如果我们觉得我们的权利被侵犯了，我们就可以一路上诉到最高法院。你永远猜不到，他们热衷于重复的词语"我们人民"出现在一份文件的开头，而这份文件的的确确创建了一个新政府。*你永远猜不到，没有政府，他们及其选民的生活会逐渐陷于困顿。毕竟，是谁把所有这些社会保障和医疗保险支票寄给老年共和党人的呢？1

◇

42

　　然而，里根却对这一切都视而不见。他向美国人承诺，只要个人和家庭好好经营私人事务（尤其是商业），美好生

---

* 这份文件指的是美国宪法。

1　数年前，号称"明智之圣经"的《洋葱新闻》（The Onion）发表了一篇题为《自由党人不情愿地呼叫了消防部门》（"Libertarian Reluctantly Calls Fire Department"）的文章："据美国怀俄明州夏延市（Cheyenne）报道：自由党正式党员（card-carrying Libertarian）特伦特·雅各布斯（Trent Jacobs）在试图控制因吸烟而引起的客厅火灾未果后，不情愿地于周一呼叫了夏延市消防部门。雅各布斯言道：'尽管社区最好依赖高效的自由市场消防服务，然而事实是，价格高昂且毫无必要的公共消防部门的确存在。还有，我家房子被烧掉了。'"

活就会不请自来。一个新美国英雄诞生了，他就是企业家。1980年代兴起的企业家崇拜狂潮造就了通往富贵捷径的美梦，任何有想法、有车库、有一些电动工具的人都有望实现这种美梦。从另外一个角度来说，这也是捷径，因为它没有提出道德要求。美国人一直富有企业家精神，并且一直相信致富是光荣的。然而，我们长期抛弃的加尔文主义却将财富视为道德价值的标志，它是自制自律的结果，而不是自私自利的结果。霍雷肖·阿尔杰（Horatio Alger）的故事不是戈登·盖柯（Gordon Gekko）的故事，不是伊凡·博斯基（Ivan Boesky）的故事，也不是伯尼·麦道夫（Bernie Madoff）的故事。*这些角色确实身穿背带裤，但是他们并不是任何宇宙的主人。他们不抽大雪茄，不喝1000美元一瓶的葡萄酒，也不会带客户去脱衣舞俱乐部。尽管里根是社会保守主义者，但是，他的美好生活愿景却跟道德根本无关。他没有明确鼓吹享乐主义，也没有赞美在其执政期间所发展起来的有罪不罚文化。然而，他也没有对之加以批评。他太了解我们的自

---

* 里拉在致译者的书信中解释，阿尔杰发家致富的途径是勤俭节约，而盖柯、博斯基和麦道夫发家致富的途径却是坑蒙拐骗。里根高度赞美市场经济的淳朴美德，然而，1980年代的美国现实是坑蒙拐骗者横行于世。

由至上主义文化了，所以他不会犯这种错误。

日落

　　里根在不那么政治化的美国唤起了道德上要求不高但更加美好的生活形象，他意图借此来团结共和党。自从水门事件后，共和党已经是一个难以管控且纪律涣散的机构了，就像今天的民主党。而这种形象则团结了来自东部的自由派权贵、愤愤不平的南方人和抛弃了民主党的中西部少数族裔蓝领、一心一意的自由市场主义者、反共斗士、丧心病狂的阴谋论者、1960年代的文化变迁所排斥的宗教领袖以及一个并非微不足道的群体——保守的女性，这些女性认为女权主义攻击了其自身的母亲和家庭妇女形象。这是一个意识形态多样且性情各异的联盟。但是，这个联盟却缺乏美国过去怎样和未来将怎样的共同愿景。而当里根提供了一个共同愿景的时候，共和党就不再是一个联盟，而是一股意识形态统一且竞选实力雄厚的力量了，其思想和行动就像一个"微调机器"，这是个从我们的现任总统那里借用的独特词汇。直到 44

最近，共和党都一直如此。

里根当选总统后，共和党的战略有两个部分。第一部分是自下而上的建构，从而使共和党根深蒂固，赢得州选举和地方选举，接着是国会选举，然后是总统选举。说到总统选举，自由派民主党人有"老爸"情结的问题，尽管其总统候选人是女性。他们不是把精力集中在赢得地方各级人民支持的日常任务上，而是把精力集中在全国性媒体上，并且把精力投入在争取赢得每四年一次的总统选举上。而一旦他们这样做了，他们就希望"老爸"可以解决这个国家的所有问题，但是他们没有意识到这样的事实：没有国会和各州的支持，总统"老爸"在我们的制度下几乎无所作为。因此，他们始终对他们的总统不满，并从左翼的立场攻击他们，而左翼的立场是民主党总统在目前的环境下最不需要的。而共和党的思维从一开始就截然不同，正如非常有影响力的美国税制改革协会（Americans for Tax Reform）会长格罗弗·诺奎斯特（Grover Norquist）公开有趣地承认的那样：

> 我们并不是在为无畏的领袖试镜。我们不需要总统

告诉我们要走向何方。我们知道要走向何方……我们只是需要总统来签署这份文件。我们不需要谁想出或者设计这份文件。对于接下去二十年间的现代保守主义运动来说，领袖将从众议院和参议院中产生……挑选一个有足够工作量来操作笔杆子的共和党人来做美国总统吧!

任务完成了。

第二部分是通过政治教育来培养干部。共和党人寻找富裕的捐助人来创建基金会和智库，以之为大学之外阐释里根教义的安全空间。里根的教义文件正是从鸡尾酒餐巾向一个庞大的大众书籍和学术性政策研究图书馆发展而来的。他们创办夏令营，让大学生可以在那里阅读亚里士多德、亚历山大·汉密尔顿以及弗里德里希·冯·哈耶克的作品，而且，他们还学会了跟大学生建立联系。他们为教授们建立了读书小组，而教授们参加读书小组将获得报酬。他们资助研究生，并让他们师从支持运动的教授们。他们还资助校园报纸和全国性组织，例如联邦党人学会（the Federalist Society），该学会向学生介绍了"原旨主义"（originalist）的宪法解释，并充当了年轻律师寻找助理职

46

位和教职的职业中介。这个组织彻底改变了这个国家的法律教学方式和解释方式，因而也彻底改变了统治我们的方式。而这正是保守主义者的教学战略成果。这场运动的某些发起者和创始人曾是托洛茨基主义者，他们凭直觉理解，要想做出长期的改变，这场运动就要培养和留住干部，并通过各个机构让他们装满行囊出去长征。长征的目的是，先控制政府，再废除政府，从而通过政治手段来达到反政治的目的。

47　　　　　　　　　　◇

　　1980年代，里根右派收获了他们精心播种的成果。然而，就跟1970年代的自由派所遭遇的那样，那些改入他党者马上开始激进化里根教义并且不自量力，直到这些教义开始脱离现实。奇怪的是，亲切的里根一走，里根主义的激进化就迅速发生了。比尔·克林顿当选总统的时刻，保守主义运动陷入了对1950年代的歇斯底里怀旧之中，而这种怀旧至今尚未过去。克林顿费尽心思把民主党推向中心；他是经济和外交方面的现实主义者；他宣布"大政府时代结束了"，并呼吁"结束众所周知的福利"。这些都不重要。国会中的共和党人千方百计阻挠他。正是这样，他们停摆了政府，并且因为克林顿的小过错而弹劾他。跟里根不同，他们成为减税、枪支管控和堕胎问题上的绝对主义者，并且把任何胆敢异议者都清除出他们的队伍。他们开始参加震撼电台（shock radio）和福克斯新闻的每日狂欢仪式，互相鞭笞对方并攻击对方的思想基础，从而陷入对这个国家的状况进行末日审判的狂热之中。这是美国的黎明吗？不，是午夜！**午夜！午夜！**

48

这场运动中更为冷静的头脑似乎明显感觉到保守主义的崩溃一触即发。克林顿执政期间，所出版的若干本优秀著作讨论了我们到底出了什么问题，以及如何回到正轨。当小布什在"富有同情心的保守主义"（compassionate conservatism）这个平台上竞选时，许多人都欢迎他们所谓的更富有公民精神的愿景。然而，不出一年，这种修辞就被抛弃了，这不只是因为"9·11"恐怖袭击事件。新一群毫无华盛顿政治经验的狂热亿万富翁资助了保守主义运动，该运动的雅各宾分子得到了控制，队伍得到了净化。智库清洗了擅于言说"两个方面"（"一方面，另一方面"）的学者，并撕下了任何独立性的伪装，宣誓效忠共和党右翼。本来就不怎样的右翼电台和电视台水平又进一步下滑了，咄咄逼人的无知者的咕哝声淹没了真正的对话。共和党重新划分选区的努力也产生了意想不到的后果。为了重新划分国会选区并锁定共和党的控制权，共和党数年来向州议会投入了大量资源。但是，这个战略也让现任者在初选就容易遭到比他们更激进的候选人的挑战，这些候选人挑选亿万富翁来资助他们的竞选活动。

　　然而，机器依旧不停搅动。共和党当权者仍然保持着冷静，因为他们相信他们有一个所向披靡的战略。如果他们所提倡并实施的政策成功了，那么，万事大吉。如果这些政策失败了，那么共和党人就可以一味宣称，华盛顿的深层政府（deep state）*和媒体依旧掌握在敌人的手中，因此需要采取更极端的措施。这是历史上的革命领袖都熟知的经典策略：革命失败证明了革命激进化的必要性。这就是为什么数十年来美国人一直在观看共和党人反对"政府"来成功竞选的黑色喜剧的原因。而他们一旦掌权，就承诺推翻他们自己所掌握的"政府"来竞选连任。

----

* 深层政府是一种阴谋论，它认为美国政府中隐藏着一个影子政府，这个影子政府才是真正掌握美国命脉的实权机构。

　　随着布什时代的结束，共和党的里根主义当权者随即发现自身面临着两大挑战。第一个挑战是巴拉克·奥巴马，那时候他刚刚大败约翰·麦凯恩。奥巴马是新面孔，这再明显不过了。他不像比尔·克林顿那样被视为一个"三角策略家"（triangulator）（无论是极左翼，还是极右翼）。*奥巴马赞赏里根充满希望的修辞力量，并试图塑造自己的修辞风格，尽管只是取得了一定程度的成功。不可否认，他的修辞有点空洞。（**希望**……在哪里？**是的，我们可以！**……做什么？）他也没有像罗斯福和里根那样总是能唤起美国往昔和未来的难忘形象。然而，对于数以百万计的美国人来说，尤其是对于那些成长于难以言喻且饱受战火蹂躏的布什时代的年轻人来说，奥巴马的修辞听起来就像是诗歌。萨拉·佩林在语法上就不过关的胡言乱语，"水管工乔"的粗鲁欢呼，都做不到这

---

*　1996年，克林顿的政治顾问迪克·莫里斯（Dick Morris）为克林顿制定了"三角策略"（triangulation），从而使克林顿顺利连任。所谓"三角策略"，指的是在民主党和共和党之间采取中间立场的策略，该策略同时吸收两党的核心主张，但又同时超越两党的立场。

一点。[*]

第二个挑战是，2008年经济衰退后，民粹主义怒火沸腾。民粹主义怒火部分烧到了茶党，而茶党迅速被共和党大军所吸纳。在共和党大军里，茶党提供了突击部队来反击奥巴马的每一项提议和任命。然而，正是当时红极一时的右翼政客格伦·贝克（Glenn Beck）真正让共和党人感受到经济衰退加重后将带来什么。贝克是一位具有启示录般预言能力却特别热情洋溢的阴谋论者，他在每天的福克斯新闻广播中用一张接一张夸张的文氏图揭示1960年代的激进分子和奥巴马之间的隐秘关联。^{**}然而，他也抛弃了共和党的许多教条，尤其是经济和外交政策方面。他在一本书中写道："在小布什总统的领导下，政治与全球公司主导了我们的许多经济政策与边境政策。国家建设与国际主义也使我们大大背离了美国的建国原则。"^{***}贝克的经济民族

---

* 萨拉·佩林（Sarah Palin）是2008年美国大选中的共和党副总统候选人，当时的共和党总统候选人是约翰·麦凯恩。而"水管工乔"（Joe the Plumber）是塞缪尔·约瑟夫·沃泽尔巴彻（Samuel Joseph Wurzelbacher）的绰号。在2008年大选中，他问奥巴马，如果他经营水管公司，按奥巴马的税收政策是否会向他征税？他的提问后来成为奥巴马和麦凯恩辩论的焦点问题之一。由此，他名声大噪，并得到了"水管工乔"的绰号。

** 文氏图（Venn diagrams）是数学中用来表示集合关系的图形。例如，两个圆形相交表示交集。

*** 引文出自 Glenn Beck, *Glenn Beck's Common Sense*, New York: Mercury Radio Arts/Threshold Editions, 2009, p. 22。

主义和孤立主义引起了公众的共鸣，许多人蜂拥而至他那销售
一空的集会，去聆听他谴责虚假的左派人士、华尔街以及大银
行。他甚至写作了一本畅销的惊悚小说。*在这本小说中，所有
这些邪恶势力联手扼杀了美国的自由。尽管贝克夸夸其谈，但
是他却是第一批揭露美国中产阶级正在被掏空且其子女面临着
黯淡前景这一真相的右派人士。一小撮受过良好教育的人士正
从新的全球经济中受益，从而变得极其富裕。而这个国家的大
部分地区却变得荒芜、心碎……和愤怒。主流共和党人从来没
有收到这个信息，而唐纳德·特朗普却收到了。

52

2016年的共和党初选无疑跟后来的总统大选具有同
样重大的历史意义。我们绝对不能忘记，特朗普击败了美
国的两大政党，从他名义上所属的政党开始。这可真是蔚
为奇观。这个偶像破坏者既不是来自左派，也不是来自右
派，而是来自底层。对里根（the Gipper）**的虔敬、对

---

　* 贝克的惊悚小说指的是他于2010年发表的政治科幻小说《奥弗顿之窗》（*The Overton Window*）。

** The Gipper是里根的绰号。该绰号源于1940年美国传记电影《克努特·罗克尼》（*Knute Rockne, All American*）。在该影片中，里根饰演橄榄球运动员乔治·吉普（George Gipp）。吉普临终前对其教练罗克尼说，如果球队面临逆境，请告诉他们"为吉普赢一回"（win just one for the Gipper）。此后，the Gipper就成了里根的绰号，而"为吉普赢一回"也成了里根日后的政治口号。

事业的忠诚、对拉弗曲线*的深入研究以及对非矛盾律的遵循，这些都无法约束他。他讲真话的次数比他的批评者所认为的还要多，但是，他就像一个孩子有时候意外讲真话，会让房间里的成年人感到尴尬。他站在关闭的制造厂和大批失业工人面前宣称，自由劳动力市场和贸易协定正在摧毁的财富要多于它们为这些人所创造的财富。他毫不犹豫地说要培训他们，并向他们提供某些最低限度的医疗保障。他说得好像美国对他们负有义务一样。（尽管他感觉到听众的情绪，但是他并没有言及他们对彼此负有什么义务。）而其他候选人只是盯着他们的鞋子。**特朗普只在某个方面蒙恩于里根所创立的保守主义运动：保守主义运动遗留给特朗普一个愤怒而恐惧的民意基础，而他甚至比运动领袖更擅长于操纵这个民意基础。他摧毁其共和党对手的方式是预言他们将让美国雪上加霜。

　　这是里根时代终结的开端吗？我们有理由这样认为。我

---

　　* 据说拉弗曲线（Laffer Curve）的提出者是美国经济学家亚瑟·拉弗（Arthur Laffer）。拉弗曲线是一个表示税率与税收收入关系的倒U形曲线。其基本原理是，在税率达到倒U形曲线的最高点之前，税率与税收收入成正比关系，提高税率可以增加政府的税收收入；但是在税率达到倒U形曲线的最高点之后，税率和税收收入成反比关系，提高税率反而减少了政府的税收收入。

　　** 里拉在致译者的书信中解释，"其他候选人只是盯着他们的鞋子"的意思是，主流共和党候选人对特朗普没有发表任何意见。

们确实有理由认为，我们已经处于新旧交替的过渡期。政治科学家有时候言及"断裂"的总统任期，这些总统任期标志着一个时代已经结束，而一个新时代尚未来临。如今事后看来，吉米·卡特的总统任期就是断裂的总统任期，他的总统任期终结了罗斯福时代，并为里根时代奠定了基础。尽管特朗普当选总统是民主党人的重大失败，而且还威胁着自由派为之奋斗的一切，然而，这也暴露了反政治保守主义的空洞。我们难以想象它会以原来的里根式面目重现。但是，我们没有理由自鸣得意。我们不难想象，除非自由派成功地重新吸引美国人的目光，否则一个由蛊惑民心的民粹主义政客所组成的新阶级还是能够激起并利用公众的愤怒，他们有选择地汲取里根的教义，甚至使其中的某些教条激进化了。他们已经这样做了。

当日耳曼人最终于公元5世纪永久占领了古罗马，他们开始进行历史学家所谓的破坏。新罗马人在建筑原理和雕塑艺术方面没有受过任何正规教育，他们开始从古老的庙宇和公共建筑中拆下圆柱、壁柱和拱梁，然后有点随意地把它们装在他们自己所建的简陋建筑之上，目的是想给这些建筑物增添某种他们所谓的帝国气息。结果可能相当滑稽。但是，其中一些至今依旧矗立不倒。

第二章

伪政治

我们自身的压迫是我们关注的焦点，这体现在身份政治的概念之中。我们认为，最深刻且可能最激进的政治直接来自我们自身的身份，而不是努力去结束他人的压迫。

——《康比河公社宣言》

（"Combahee River Collective Statement"，1977）

身份的形式

这就是一部里根时代简史，或者半部简史。另半部的内容是美国自由派如何应对他们自身所处的新时代。这并不是一个开心的故事。

你本来可能会以为，面对反政治的新国家形象，自由派会以一种富有想象力且充满希望的愿景来加以对抗，这个愿景关乎我们作为美国人所共享的是什么，以及我们可以共同实现的是什么。然而，自由派却迷失在身份政治的灌木丛中了，并且发展出一套怨恨和分裂的差异性修辞来与之匹配。你本来可能会以为，面对共和党人不断获得制度性权力，自由派会倾注全力来帮助民主党赢得各个地区各级政府的选举，尤其是走进 曾经投票给他们的美国工人阶级中间。然而，自由派却被制度外的社会运动所吸引，并且发展出对全体美国人民的轻视。你本来可能会以为，面对里根主义所常态化的经济个人主义激进教条，自由派会利用他们自己在我们教育机构中的地位来教育年轻人：他们跟所有公民同胞共享同一个命运，并对所有公民同胞负有义务。然而，自由派却训练学生成为个人身份的探索者，并任其对自身之外的世界漠不关心。你本来可能还会想到许多合理的事情。但是，你都想错了。

每一次自杀的核心都有一个谜团。但是，一个背景故事却可以讲述所有的条件、事件和选择，从而为最终的结局做好铺垫。成功的自由派团结政治（liberal politics of solidarity）是如何变成失败的伪身份政治（pseudo-politics of identity）的呢？这个故事并不简单。它关乎"二战"后美国社会所发生的深刻变化，1960年代反越战所释放的政治浪漫主义狂潮，以及新左派退入美国大学等。

我这个版本的故事特别强调大学，是有原因的。直到1960年代，自由主义和进步主义政治中的积极分子还主要来自工人阶级或农业社区，他们产生于当地的政治俱乐部或工作场所。但是，那个世界已经一去不复返了。今天的积极分子和领袖几乎完全产生于我们的大学院校中，大部分具有自由派倾向的法律界、新闻界和教育界人士亦如是。如果自由派的政治教育真的会产生的话，那么如今它就产生于大学校园里，大学校园在社会距离和地理距离上都大大远离这个国家的大部分地区，尤其远离曾经是民主党基础的那类人。这是不可改变的。这意味着自由主义的前景在很大程度上将取决于我们的高等教育机构里将发生什么。

◇

　　然而，我们所谓的身份究竟是什么意思呢？身份在美国　　62
政治中一直发挥着作用，这在今天已经是老生常谈了。如果
人们认为身份指的是种族主义、恐外症、厌女症和恐同症，
那么他们是正确的。但是有趣的是，"身份"这个术语的当
代含义直到1960年代末才进入美国的政治话语。就其当代
含义而言，身份指的是一种内在事物，犹如一个需要照料的
小矮人（homunculus）。更准确而言，美国的建国问题就是
从殖民地时期开始的政治身份问题。

　　那些从英国逃到我们海岸的朝圣者（The Pilgrims）和
其他宗教异见分子并不依据个人身份（personal identities）
来言说；那时他们有灵魂。尽管他们在美国寻找的是一个他
们可以完全认同（identify）的国家，但是，他们依旧完全
认同他们所选择的任何教会。尤其是宗教战争之后，欧洲的
共识是，鉴于基督教和政治生活的暧昧关系，这种双重身份
（dual identification）在心理上是不可能的。但是结果证明，
这在美国并非不可能，因为美国的建国原则让基督徒有理由
认同这个国家，这是**由于**这个国家保障他们认同其教会的权

63　利。这样就奏效了。因此，在某种意义上，要成为一个美国人，你只需要认同一样东西，那就是美国的宗教自由制度。这种公民纽带在逻辑上具有优先性，因为没有公民纽带，基督教纽带就无法得到保护。

在美国移民史中，类似的双重身份动态关系也在起作用。这个国家的建立伴随着盎格鲁—新教文化的主导地位所隐含着的假设，而这项假设受到了19世纪开始的不断高涨的移民潮的威胁。正如古代曾经争论过基督徒是否能够成为优秀罗马人的问题，如今所爆发的争论是关于所谓的"连字符美国人"*的忠诚问题，以及他们是否能够承诺以忠诚的公民身份行动，而不是以教皇或德国皇帝的代理人等身份行动的问题。一个经典的仇外者形象是，他们认为族裔忠诚总是会压倒民主忠诚，因此，如果不禁止移民的话，那就应该限制移民。其他人则主张，新移民可以成为公民，但是只有他们的家庭完全被盎格鲁—新教文化方式所同化才行。另外一些人（例如西奥多·罗斯福）依旧认为，"新型美国人"必

---

* "连字符美国人"（hyphenated Americans）指的是用连字符"-"连接其族裔身份和美国公民身份的美国人。例如，非裔美国人的英文是African-Americans，德裔美国人的英文是German-Americans。

须在大熔炉中加以锻造，即便是盎格鲁—新教徒也必须跳入 64
这个大熔炉中。到了20世纪中叶，一点点同化和一点点熔
化都发生了。但是，几乎每个人也都清楚，这两者都不会完
全成功，这也是好事一桩。新移民强烈认同这个国家，并以
成为公民而自豪，**因为**这个国家并不要求完全的文化同化。
一个更宽泛的公民身份概念并不是排斥，而是吸纳了族裔
忠诚。

非裔美国人的经历则是另外一回事了。奴隶主发明了
"黑人"的种族身份，并把这个身份强加给奴隶，然后以之
为标准，把他们的后代从政治公民身份和公民社会的正式成
员资格中排除出去。黑人小孩出生时带有确切无疑的该隐标
记。然而，这个强加给黑人的似是而非的"身份"却在非裔
美国人自身的社群中产生了强烈的认同感，这种认同感基于
他们共享的苦难和屈辱史，以及反抗、适应和成就史。这
造就了深刻的情感意识。这种情感意识如此之深，以至于我 65
们很难想象这些种族犯罪的受害者是如何自我认同为这个国
家的公民的，毕竟几个世纪以来这个国家犯下了种种种族罪
行，而且还为之辩护。美国保护了白人宗教群体和族裔群

体，却奴役了非裔美国人。

这样就更容易理解为什么不断有黑人思想家提倡脱离，重返非洲，前往四海一家的欧洲，加入全球殖民地人民的斗争，抑或推翻美国体制；为什么也有作家在文学作品中实验了这些选项，不料却发现他们终究是美国人。然而，如何从情感上认同这个国家，以至于到了你要为之牺牲的地步呢？如果你已经作出了牺牲，就像那些黑人退伍军人"二战"后回到种族隔离的美国那样，你又如何认同呢？民权运动同时为非裔美国人社群和整个美国提供了建设性的道路：努力迫使美国遵守其建国原则。这不仅仅是为了争取形式上的权利，而且还为了在社会中争取平等的尊严。民权运动领袖选择比美国白人更加认真地对待普遍的平等公民权概念。这并不是为了理想化或否定差异（差异是肉眼可见的）而是为了让差异在政治中不再起作用。

66

众所周知，民权运动接着为后来的争取女性权利、同性恋权利及其他群体权利的运动提供了样板。这些运动相似但至少并不完全相同。非裔美国人依旧对白人怀有挥之不去的怨恨，而白人似乎决意让他们陷入受害者比惨奥运会*的境地。然而，这个旧运动和新运动之间还存在着另一个更深层次的差异。在某种意义上，民权运动跟早期宗教群体和少数族裔群体的斗争有更多的共同之处，这些斗争的目的是为了让他们作为公民的平等和尊严得到承认。第一波和第二波女权主义如此，早期同性恋权利运动也是如此。但是，1970年代到1980年代期间，变化开始了。关注的焦点不再是，我们作为民主公民对美国的认同（identification）和我们对美国内部不同社会群体的认同之间的关系。公民身份（citizenship）从画面中消失了。相反，人们开始根据内在的小矮人（homunculus）来言说个人身份（personal identities），这个内在的小矮人是由带有种族、性和性别色彩的那些部分组成的独特小东西。肯尼迪总统的质问，**"我可以为我的国家做什么？"** 曾经激励了60年代早期的一代人，此时却变得不可理喻了。唯一有意义的问题变成了深刻的个人问题：鉴于我的身份，我的国家对我负有什么义务？

67

---

*　受害者比惨奥运会（victimhood Olympics）是弱势群体自我调侃的戏谑语。弱势群体互相比惨，谁最惨谁得冠，然后根据悲惨程度依次排序，就像受害者诉苦大赛一样。

从我们到我

个人的就是政治的（The personal is political），这是
1960年代最令人难忘的浪漫口号之一。这个口号所表达的情
绪有两个来源：第一，浪漫主义者一直所认为的调和自我和
世界的迫切需要；第二，反浪漫主义者所认为的青少年不具
有接受这种区别的能力。尽管美国在建国的头两个世纪里常
常被诗歌或福音所吸引，无论这些诗歌或福音是基督教式，
还是无神论的爱默生式，但是，美国一直是浪漫主义者的沃
68　土。自法国大革命以来，政治浪漫主义就扰乱着欧洲政治，
而今却难以寻觅了。（这无疑就是为什么我们在欧洲赢得务
实民族的无端声誉。）1960年代初期，政治浪漫主义的突然
爆发是前所未有的。

奇怪的是，这种浪漫主义根源于里根主义的同时代和同
地点：1950年代富裕的新郊区。我们接受了那个世界的两
幅理想化图景。第一幅图景被右派所青睐，高薪工作和现代
技术给美国人带来了前所未有的繁荣和福利；男人通勤去上
班，女人在家悠然自得，而小孩则戴着牛仔帽假装在互相厮

杀。所有人都享受着美好时光。第二幅图景被左派所青睐，这是一幅空调噩梦图景*：男人通勤去上班（喝高了），女人在家悠然自得（大量服药），而小孩则戴着牛仔帽假装在互相厮杀（把他们对父母的怨恨转移到玩伴身上）。这些都是政治上有用的神话，仅此而已。

　　然而，那幅黑暗图景确实抓住了另一幅图景所忽略的 69 那个时代的重要真相，一个心理上的真相。人们只要看一眼美国人当时正在阅读的书籍、正在观赏的电影，就可以发现他们对他们在郊区边缘为自己营造的生活方式有多么焦虑。人们已经发展出一套全新的术语来表达这种焦虑了。人们读到被淹没于《大众社会》（*mass society*），成为一个《组织人》（*organization man*），这个人是《孤独的人群》（*lonely crowd*）中千篇一律的一员，他被谴责参与《争权夺利》（*the rat race*）。心理学家开始研究《异化的青年》（*alienated youth*），担心他们正在成为漫无目的的《少年犯》（*juvenile*

---

* 空调噩梦（air-conditioned nightmare）是美国作家亨利·米勒于1945年出版的游记标题。1930年，米勒移居巴黎。十年后，他重返美国，跟友人一起花了一年时间从东部出发横跨美国。然而，那个时候的美国给他留下了很差的印象。这本书所记录的就是他这一年的所见所闻。

delinquents)。*电影导演所执导的影片反映并无疑加深了人们对这些人的不满，他们是《一袭灰衣万缕情》(*the man in the gray flannel suit*) 中的男子、《能屈能伸大丈夫》(*the prisoner of Second Avenue*) 和《无因的反叛》(*rebel without a cause*) 青年。**《女性的奥秘》(*the feminine mystique*) 扼杀了女性生活叙事，尽管这些叙事姗姗来迟，但最终却应运而生了。

这是**身份危机**(identity crisis) 时代。"身份危机"是1950年代初德裔心理学家爱利克·埃里克森(Erik Erikson) 所发明的术语，这个术语被用来描述他在其繁荣的移居国所发现的普遍状况。埃里克森写道："早期精神分析病人所遇到的最大障碍是，他认为自己已经知道自己是什么人，但他却无法成为这样的人。而今天的病人所面临的最大问题是，他应该相信什么，他应该或实际上可以成为什么人。"***

---

* 为了达到串名成句的效果，此处的六本书名及下文的电影名其英文在原文中均为小写。

** 这三部影片的中文译名均根据中文通译，而未完全按照英文原名来翻译。

*** 引文出自 Erik Erikson, *Childhood and Society*, London: Grafton Books, 1977, p. 253。

这并不是什么新闻。托克维尔在19世纪初就已经对美国心灵作出了相同的诊断。然而，埃里克森依据"身份"而作出的重申却吸引了公众的目光，并且似乎反映了人们自身的内心体验。郊区居民越是摆脱社会经济需求，就越是困惑要用自由来干什么。既然有可能，那么真正有意义的生活是什么样子的呢？这个问题对于只知道和平与繁荣的年轻人来说是最紧迫的。春假期间，并非所有这些脚穿齐踝短袜（bobby socks）和头剃平头发型的大学生都在浪。许多大学生都在阅读新近翻译的法国存在主义者著作、卡夫卡的小说、托马斯·默顿（Thomas Merton）的沉思录，以及塞缪尔·贝克特（Samuel Beckett）和欧仁·尤内斯库（Eugène Ionesco）的戏剧，这些作品现在都已经有廉价的平装本了。他们也加入非传统的宗教团体，例如学园传道会（Campus Crusades for Christ）和后来的天主教神恩复兴运动（the Catholic Charismatic Renewal）。尽管他们的父母沉迷于创造个人财富，但是他们却自问做一个人到底意味着什么。正是这一代人促成了1960年代。

政治浪漫主义容易辨认，却难以界定。这与其说是一套观念，不如说是一种情绪，一种影响人们思考自己及其与社会之间关系的情感。浪漫主义者认为社会本身有点靠不住。社会本身是一种强加的诡计，它把个人自我和社会本身隔离开来，勾画任意界线，创造封闭空间，并迫使我们穿上并非为我们量身定制的服装。（烦人的爱默生写道："社会到处阴谋反叛每一个人。"*）社会让我们忘记我们是谁，并阻碍我们探索我们可以成为什么人。浪漫主义者所追求的更加难以界定，也难以说清。其名号多如牛毛：真实性、透明性、自发性、整体性和解放性。世界是一个整体。当世界礼貌地拒绝这个请求后，浪漫主义者在两股对立的冲动之间举棋不定了。一股冲动是逃离，从而保持真实自主的自我；另一股冲动是改造社会，从而让社会看起来像是自我的延伸。浪漫主义者想创造一个世界，在那里，他或她将占据完整且不冲突的身份；在那里，"我是谁？"和"我们是什么？"这些问题的答案一模一样。

当这种浪漫主义情感在1960年代初采取政治形式时，年长的自由派和社会主义者一辈子都无法理解年轻人到底在谈论

---

* 引文出自 Ralph Waldo Emerson, *The Complete Essays and Other Writings of Ralph Waldo Emerson*, Brooks Atkinson (ed.), New York: The Modern Library, 1950, p. 148。

什么。民权、越战、裁军、贫穷和殖民主义，这些当然都是值得抗议的政治问题。然而，所有这些跟顶撞父母、吸毒、聆听喧闹的音乐、自由性爱、素食主义以及东方神秘主义有何相干呢？是的，资本主义是人民的敌人。但是，梳子难道真的是灵魂的敌人吗？对于上一代人来说，那个时代的修辞是个人、文化与政治方面绝望得一团糟。琐碎的小事（取消演讲、建造学校体育馆）会让道德义愤的怒火喷涌而出，这不是针对大通曼哈顿银行（Chase Manhattan Bank），而是针对大学。1962年，学生争取民主社会组织（Students for a Democratic Society）所发表的漫无边际的《休伦港宣言》（Port Huron Statement），对外交政策和国内政策都提出了一些前后一致的看法。但是，这些看法却跟下列声明混在一起了：

73

　　人类和社会的目标应该是人类独立：它所关注的不是通俗形象，而是发现个人真实人生的意义；这种精神品质不是被一种无权感所强迫驱使，不是不假思索地接受地位至上价值观（status values），不是压制所有对其习惯的威胁，而是完全自发地获取现在和过去的经验，而是能够轻易地将个人历史中支离破碎的部分联系起来，而是能够公开面对悬而未决的棘手问题，而是一种凭直觉认识到各种可能性的意识，一种主动的好奇心意识，一种学习能力和学习意愿。

这种独立性并不意味着自私自利的个人主义——其目标与其说是随心所欲，不如说是随自己的心随自己的欲。[*]

74　　这是一个人在内心寻找意义的激动人心篇章。但是，这跟密西西比州的投票权或反对美国钢铁公司的罢工有何相干呢？

对于被卷入新左派潮流的年轻人来说，这一切都完全有道理，因为所有浪漫主义者都知道，**一切事物都互相关联**。不言而喻的是，没有什么狭隘的政治目标可以脱离我们在生活的方方面面为争取自由、正义和真实而进行的斗争：性关系、家庭、秘书室、学校和杂货店。全世界亦如是。压迫的形式多种多样，反抗的形式也要多种多样。早上参加反越战游行，下午去食品合作社工作，晚上参加女权主义工作坊，然后在陆地露营释放我的灵魂，这就是为什么这些都完全连

---

[*]　这两段出自上述的《休伦港宣言》。

贯一致的原因。这是最高级且最紧要的政治。相比之下，国会中期选举又算什么呢？

新左派原本用有点马克思主义的方式把**"个人的就是政治的"**口号解释为，看似个人的一切实际上都是政治的，没 有什么生活领域可以免除权力斗争。这就使这句口号变得非常激进了，它让同情者兴奋，却让其他每一个人害怕。但是，这个口号也可以反过来理解：我们所谓的政治行动实际上只是个人活动，它表达了我，也表达了我如何定义我自己。正如我们今天所说，这反映了我的身份。一开始，对于沉浸于当时那种情绪的人们来说，这个口号的两种解释之间的紧张关系并不明显。**合法堕胎、同工同酬和日托影响到我作为女性的个人，但是也影响到所有其他女性。这并不是自恋，而是动力。**然而，随着时间的推移，这种紧张关系变得再明显不过了，而这注定了新左派的短期前景，最终也注定了美国自由主义的前景。

新左派被困扰着每一个左派的全部思想和个人动力撕裂得支离破碎，此外还有一个新动力，那就是身份。种族分裂迅速发展起来了。黑人抱怨大多数领导者是白人，这是事

实。女权主义者抱怨大多数领导者是男性，这也是事实。黑

人女性也马上抱怨起激进黑人男性的性别歧视和白人女权主义者的隐性种族主义来了，而她们自己却又被女同性恋者批评为假定异性恋家庭才是自然的。所有这些群体从政治中想要的都不只是社会正义和结束战争，尽管他们确实想要这些。他们也想要他们的内在感受和他们在外在世界的所作所为之间可以无缝对接。他们想要他们的感受跟政治运动保持一致，这些政治运动反映了他们如何把自己理解和定义为个体。他们还想要他们的自我定义能够得到承认。社会主义运动既没有承诺，也没有给予承认：它把这个世界分为剥削的资产阶级和被剥削的来自各种背景的工人。"冷战"自由主义为所有人争取平等的权利和平等的社会保障，但是也没有做到这一点。当然，民主党也没有承认个人身份或群体身份。当时，民主党被具有种族主义倾向的南方民主党人和不大可靠的联邦白人官员所主导。

到了1970年代中期，新左派已经从国家舞台上消失了，

但仍然活跃于纽瓦克、芝加哥和奥克兰等大城市的社区组织活动中。（他们还活跃于佛蒙特州的伯灵顿等小城市中。）此

外还有各种运动，以及更多主要在民主党和其他政治机构之外开展的运动。这种向党派之外转移的后果是严重的。各种势力在健康的党派政治中活动是向心的；它们促使各个派系和利益集团共同合作来实现共同目标和共同战略。它们迫使每个人思考或至少言说共同善。而在运动政治中，各种势力都是离心的，它们鼓励分裂成越来越小的派系，而这些派系沉迷于单一议题，并奉行意识形态高人一等的惯例。因此，新左派留给自由主义的是双重遗产。首先，新左派催生了以议题为基础的运动（issue-based movements），这些运动使若干领域发生了进步的变化，最引人注目的是生态环境和境外人权。其次，新左派也催生了以身份为基础的社会运动（identity-based social movements），这些运动使这个国家成为一个比50年前更宽容、更正义且更包容的地方，例如平权运动、多元化运动、女权主义运动和同性恋解放运动。

新左派没有做的是促进民主党的统一，并发展出一套关于美国共同未来的自由主义愿景。随着人们的兴趣慢慢从以议题为基础的运动转向以身份为基础的运动，美国自由主义的焦点也从共同性转向差异性。一种截然不同的美国式伪政治修辞取代了一种开阔的政治愿景。这种伪政治修辞的内容是感受

78

性的自我（the feeling self）及其争取承认的斗争（struggle for recognition）。结果证明，这跟里根的反政治修辞并没有什么区别，这种反政治修辞的内容是生产性的自我（the producing self）及其争取利益的斗争（struggle for profit）。只是情感更少，而伪善更多。

伪政治中的启蒙读物

让我们快进到1980年吧！罗纳德·里根已经当选为美国总统了。共和党积极分子正启程上路去传播新个人主义的小政府福音，并到偏僻的郡、州和国会选举中竞选。同样在路上，尽管是从州际公路的不同出口出去，你会看到前新左派积极分子坐在生锈的彩色大众巴士上。由于未能推翻资本主义和军工联合企业，所以他们正在赶往全美各地的大学城，希望在那里的教育机构中实践一种截然不同的政治。这两个群体都成功了，并且都在这个国家留下了他们的印记。

后1960年代左派的撤退具有战略意义。早在1962年，

《休伦港宣言》的作者就主张，鉴于南方民主党人在民主党内的权力以及劳工运动的停滞，"我们认为大学是被忽视的影响力中心"。大学不再是与世隔绝的专门学习场所。大学已经成为美国经济生活的中心，它们为后工业职位提供了就业渠道和认证机构。大学也已经成为美国政治生活的中心，其途径是学术研究以及产生党派精英。最终，大学在这两个领域都取代了工会。学生争取民主社会组织的那些作者认为，新左派应该首先尝试去大学里建立新左派。他们可以在大学里互相自由辩论，并制定更加雄心勃勃的政治战略，一路招募追随者。但是，他们最终是为了进入更广阔的世界，接触"外面虽不那么新奇但更持久的争取正义的斗争"。

　　然而，彻底改造美国生活的希望破灭了，雄心壮志也随之萎缩了。许多人重返校园，殚精竭虑地把他们沉睡的大学城建设成为道德纯洁、社会进步且环境自足的社区。**如果我们可以在这里建设，那么我们就可以在任何地方建设。**孩子们被带出公立学校，成为其他教育方案的测试对象。无休无止的市政会议（city council meetings）在最激进的反对承担废品回收工作的怨言中结束。大学城在拉丁美洲、非洲和中东寻找姐妹城市，即便它们不在通往机场必经之路的邻近乡村保守社区。尽管这些大学城已经丧失了许多乌托邦魅力，但是它们还是从美国各大城市中脱颖而出，成为非常宜居的城市。对于受过高等教育的人士来说，大多数大学城已经成为新消费主义文化圣地，周围是科技园区和日益昂贵的房子。在这些地方，你可以造访书店，欣赏外国电影，购买维生素和蜡烛，饱餐一顿美食后小酌一杯浓缩咖啡，或许还可以参加工作坊来洗涤你的良知。这是一个彻头彻尾的资产阶级环境，除了无家可归的男男女女们还聚集在那里，此外就没有平民的影子了。而那些无家可归者的任务是让居民认清现实。

这是这个故事的喜剧面。另一面是英雄剧还是悲剧，取决于你的政治立场，这一面有关的是撤退的新左派如何将大学变成一个上演着歌剧和情景剧的伪政治剧场。这已经引发了关于终身激进派、文化战争、政治正确方面的大争论，这是有充分理由的。但是，这些发展却遮蔽了一个更加悄无声息但重要得多的发展。这个宏大故事并不是教授成功地向数以百万大学生灌输了反对当权者的左翼教条。许多教授确实尝试过，但似乎并没有减缓毕业生削尖脑袋挤入职业学院，然后继续进入传统职业的速度。真正的故事是，60年代人基于自身独特的历史经历，向学生传播了**何谓政治**的特殊观念。 82

这段经历让人们吸取了两个教训。第一个教训是，政治活动必须对自身具有某种真实的意义，人们必须不惜一切代价避免成为大机器的齿轮。这就是60年代人正在逃脱的世界，他们的**组织人**（organization man）父辈的世界。基于对美国政党和机构缺乏流动性的失望，第二个教训是，运动政治是唯一真正实现变革的参与模式。可以说，这两个教训的教训是，如果你想成为一个政治人物，那么你应该从寻找一场对你来说具有某种深刻个人意义的运动开始，而不是加入一个政党。1950年代和1960年代初，若干个这类运动已经出现了，这些运动关注的是核裁军、战争、贫困和环境问题。但是，介入这些议题依旧意味着必须介入更广阔的世界，并获得某些经济学、社会学、心理学和科学知识，特别是历史学知识。

◇

随着身份意识的觉醒，人们参与以议题为基础的运动开始有所减少，而对自己最有意义的运动无疑是关乎自己的运 83

动，这样的信念逐渐根深蒂固了。正如康比河公社*的女权主义作者在其具有影响力的1977年《康比河公社宣言》中所直言不讳的那样，"最深刻且可能最激进的政治直接来自我们自身的身份，而不是努力去结束他人的压迫"。这个新态度对美国的大学产生了深远的影响。马克思主义关注全世界所有工人的命运，然而马克思主义却逐渐失去了吸引力。如今研究身份群体似乎是最迫在眉睫的学术任务和政治任务，很快，致力于研究身份群体的各种院系、研究中心和教授席位激增了。在一定程度上，这是好事一桩。它鼓励各个学科扩大它们的研究范围，纳入那些之前有点被忽视的广大群体的经历，例如女性和非裔美国人。但是，它也使人们痴迷于社会边缘群体，以至于学生们的心中对历史和他们国家的现状产生了扭曲的印象。在美国自由派需要更多而不是更少了解美国广大中部地区的时刻，这是一个重大障碍。

　　想象一下，今天一个年轻学子进入这样的环境——不是你的为了就业的普通学生，而是一个被政治问题所吸引的

---

* 康比河公社（Combahee River Collective）是美国黑人女同性恋者于1974年在波士顿创建的女权主义团体，该团体认为白人女权主义已经无法满足她们的要求，所以她们自立门户，创立了以黑人、女权主义和同性恋等身份为核心的团体。该团体于1977年所发表的《康比河公社宣言》是黑人女权主义的经典文献。

辨识度很高的大学生。她正值开始寻求意义的年龄，正处于她的好奇心把她引到外面更广阔世界的所在。在这个广阔世界中，她将找到自己的位置。但是，她发现自己正被鼓励去探索的主要是她自己，这似乎是一项颇为轻松的活动。（她对此一无所知……）她将首先被教导，理解她自己取决于探索自己身份的不同面相，现在她发现她有身份了。她也认识到，各种社会政治力量已经在很大程度上为她塑造了一种身份。这是一个重大教训，她可能从中得出结论，教育的目标不是通过介入更广阔的世界，而逐渐成为一个自我。相反，一个人介入这个世界，特别是介入政治，其目标只是为了理解并确定自己已经是什么样子罢了。

于是，她开始了。她上的那些课让她阅读了各种跟她所认定的任何身份相关的运动史，并且阅读了跟她身份相同的作者的作品。（鉴于这也是一个性探索的年纪，性别研究将具有特殊的吸引力。）在这些课程中，她还发现了一个令人震惊且振奋人心的事实：尽管她的家庭背景可能是舒适的中产阶级，但是，她的身份却赋予她作为历史受害者之一的地位。这个发现接着使她加入从事运动工作的校园团体。现在，自我分析和政治行动之间的界线完全模糊了。她的政治

85

兴趣是真实的，却被她的自我定义范围所限制。突破这些范围的议题现在变得越来越重要了，而她对于这些议题的立场却很快变得不容争辩。那些没有触及其身份的议题甚至得不到她的注意。那些议题也根本无法影响这些人。

我们的学生越是进入校园身份的思维定式，就越是对**我们**这个词语缺乏信任。她的老师已经告诉她，这个词语是一种普遍主义诡计，被用来掩盖群体的差异性，维持特权阶级的支配地位。如果她更加深入地了解"身份理论"，那么她甚至将开始质疑她以为自己所属的那个群体的真实状况。这种伪学科的错综复杂性只是学术兴趣。但是，它却让我们的学生产生了强烈的政治兴趣。

例如，上一代年轻女性可能已经认识到，女性作为一个群体有着值得认可和培养的独特视角，也有着社会必须解决的独特需要。而让年长的女权主义者感到错愕的是，如今的理论高手可能会被告知，人们无法概括女性，因为她们的经历截然不同，她们的经历取决于她们的种族、性取向、阶级、身体能力以及人生阅历等。更一般而言，她们将被告知，性别身份完全不是固定不变的，它具有无限的可塑性。从法国

86

人的视角来看，这是因为自我是虚无的，正是隐而不见、没有味道、没有气味的几股"力量"相互作用所留下的痕迹，决定了生命中所流淌的一切；或者从完全美国人的视角来看，这是因为自我就是我们所说的一切。（最厉害的思想家同时主张这两个观点。）人们已经发展出一整套学术术语来表达这些观点了：流动性（fluidity）、混杂性（hybridity）、交织性（intersectionality）*、性别操演（gender performativity）**、离经叛道（transgressivity）等。中世纪经院哲学所争论的神圣的三位一体之谜就是原初的身份问题。任何人只要熟悉这场

87

---

　* 美国早期女权主义运动主要针对男性对女性的压迫，因此其关注的焦点是性别这个单一身份。但是后来的女权主义者意识到，某些弱势群体的身份不是单一的，而是多重的。例如里拉书中所讨论的康比河公社，她们的成员是黑人女同性恋者。她们的身份烙印就是多重的：种族（黑人）、性别（女性）和性取向（同性恋）。她们的不幸人生并不是某种单一身份的结果，而是多重身份互相交织在一起所造成的结果。因此，我们不能把这些身份割裂开来分别加以对待，而应该把这些身份视为一个互相交织的整体来加以考量，这就是所谓的交织性。这个概念是美国黑人女权主义法学家克伦肖（Kimberlé Williams Crenshaw）在其1989年所发表的文章 "Demarginalizing the Intersection of Race and Sex: A Black Feminist Critique of Antidiscrimination Doctrine, Feminist Theory, and Antiracist Politics" 中所提出的术语。目前，交织性理论已经发展成为美国女主义的重要思想流派。

　** 性别操演是朱迪斯·巴特勒（Judith Butler）所提出的性别理论。巴特勒认为，性别是一种行为。我们以为我们的性别身份产生了我们的性别行为，例如，正是因为她是女性，所以她穿裙子。然而在巴特勒看来，不是我们的性别身份产生了我们的性别行为，恰恰相反，正是我们的性别行为建构了我们的性别身份。性别身份是长期不断重复操演模式化的性别行为的结果。她不断重复操演穿裙子等性别行为，从而建构了她的女性身份。因此，性别身份不是自然而然的，而是人为建构的。请特别参考Judith Butler, *Gender Trouble*, New York and London: Routledge, 2007, pp. xv, 34, 183–193。

争论，都将感到宾至如归。

关于这些学术趋势，重要的是，它们赋予激进个人主义某种思想光泽，而这种个人主义实际上是我们社会中的其他一切都在鼓励的。如果我们的年轻学子接受了这样的神秘观点，它认为几股隐蔽的力量塑造了人生的一切，那么她完全有理由退出民主政治，并投之以讽刺的目光。更有可能的是，她接受了完全美国人的观点，即她的独特身份是她随着喜好一时兴起而建构并改变的东西。如果这样，那就不能指望她对他人有持久的政治忠诚，当然也不能指望她听从她对他人负有义务的召唤。

相反，她将发现自己处于所谓的脸书（Facebook）身份模式的掌控之下：自我就是我像个人品牌一样建构的主页，它通过我可以随意"点赞"和"取消点赞"的交往来跟他人联系。公民身份是民主政治的核心概念，是长期把政治社会的所有成员联系在一起的纽带，不管他们的个人特征是什么，既赋予他们权利，也赋予他们义务。我们一般生来就享有这种身份，但是通过民主政治活动，我们可以改变它的定义和含义。在脸书的自我模式中，对我来说重要的和我决定认可的纽带在这种民主的意义上都不是政治的。这些纽带只是有择亲和性（elective affinities）。我甚至可以**自我认同**一个我在客观上似乎并不属于的群体。2015年，一个麻烦缠身的女性时任美国全国有色人种协进会（NAACP）地方分会的主席，她声称自己是若干起反黑人仇恨犯罪的受害者，而她的父母却透露她实际上是白人。她的批评者义愤填膺，而右翼媒体则把这个故事用作左派神经病的又一个案例。但是，如果脸书的身份模式是正确的话，那么，她的支持者（她确实有一些支持者）捍卫她就是对的了。如果所有身份都可以正当地自我确认的话，那么，这个女性就没有理由不能声称她是她自己想象的任何事物了。到了身份变得太累赘或者太无聊的时候，就扔掉它吧。随便！

◇

　　脸书的身份模式也激发了脸书的政治参与模式。在罗斯福时代，群体身份不仅被认为是动员人民作为公民来采取政治行动的正当手段，而且也被认为是迫使我们的政治体制履行平等成员承诺的必要工具。但是，脸书模式只跟自我相关，只跟**我的自我**相关，跟共同历史、共同善甚或共同观点都无关。相对于右派年轻人，左派年轻人今天不太可能把他们的政治参与跟一套政治观点联系起来。他们更有可能说，他们以 X 的**身份**参与政治，关注其他 X 们以及那些涉及 X **身份特征**的议题。他们可能对跟 Y 们和 Z 们建立联盟关系的战略需要有所同情和认识。然而，由于每个人的身份都是流动的，并且都有多重维度，而每个维度都值得认可，这样，联盟关系就只是形式婚姻罢了。

90　　　　　　　　　◇

　　校园自由派越是沉迷于个人身份，就越是不愿意参与理性的政治辩论。过去十年间，一种非常发人深省的新语言风格已经从我们的大学慢慢传播到主流媒体了：**以 X 的身份发言**……这并不是一个不痛不痒的短语。这个短语告诉听众，我正从一个优越立场对这件事情发言。（人们从不会说，**我以一个亚裔同性恋者身份发言，我觉得我没有资格评判这件事情**。）这个短语建筑了一堵墙，阻挡了顾名思义来自非 X 视角的问题。而且，这个短语还把这种遭遇转变为权力关系：辩论的赢家将是诉诸这种具有道德优越感的身份，并且对被质问表达了最大愤慨的任何人。所以教室里的对话曾经可能这样开始，**我认为 A，这是我的观点**；而现在对话采取了这种模式，**我以 X 的身份发言，你主张 B 冒犯到我了**。如果你认为身份决定一切，那么这就完全讲得通了。这意味着没有不偏不倚的对话空间。白人男性有一种"认识论"，黑人女性有另一种"认识论"。这样，还有什么可说的呢？

于是，禁忌取代了争论。我们更有优越感的校园有时似乎陷入了古老宗教的世界。只有那些具有所认可身份的人士，才被允许就某些事情发言，例如萨满。特殊群体（今天的跨性别人士）被赋予了临时的图腾意义。替罪羊（今天的保守派政治发言人）被正式指定，并在一场净化仪式中逃离了校园。命题没有真假，只有纯粹不纯粹。不只是命题，词语也是如此。左翼身份主义者（left identitarians）认为自己是激进生物，他们质疑这个，触犯那个，已经变得像英语中沉默寡言的新教徒女学究了，他们从语法上分析每个对话中的不雅用语，并谴责那些不经意间使用了这些词语的人们。

那些早在1960年代就上了大学的教授们，反叛过那时的批评者，弄乱过那时的女学究头发。对他们来说，这是一个不可思议且令人沮丧的发展。形势似乎绕了个大圈又回到了原样：现在的学生是缉毒人员了。这并不是新左派当初的意图，他们那时刚从**外面**大千世界的现实政治战壕回到校园，希望鼓励年轻人追随他们的步伐。他们想象着学生们针对大观念进行喧闹而无拘无束的辩论，而不是一屋子学生互相猜忌地看着对方。他们想象着辩论具有挑衅性，迫使学生捍卫自己的立场，而不是收到院长的邮件，让他们进来聊一下。他们想象着把自己的那些愿意投入政治且博学多才的学生推向这个世界，而不是眼睁睁地看着他们退入自己的私人领域。到底怎么回事呢？

马克思的另一种言辞

一个真正的马克思主义者不会感到震惊，这样的马克思主义者还是有一些的。马克思主义作为一种意识形态存在不少错误，但至少有一个大优点：马克思主义迫使那些坚持马克思主义的人从他们的特殊处境中抬起头来，从思想上接触那些塑造历史的深层力量，例如阶级、战争、宗教和科学。（马克思主义在种族问题上碰到了点麻烦，种族问题经常会

演变成阶级问题。）马克思主义者的目光盯着地平线，常常
看到颠倒的事物，或者常常看到各种幻象，但是至少他们在
看。随着自由主义身份意识的觉醒，所有的目光都转向了内
部。正如许多进步主义者所抱怨的，也确实如此，身份修辞
已经排除了阶级分析，也排除了阶级如何随着我们新经济的
变化而变化的分析。就在不久前，自由派政治的目标是激励
个人主动改造社会。而如今的焦点是个人的被动社会建构。

　　马克思主义者对这个变化的分析可能是这样的：里根
当选总统标志着发达资本主义的历史走向了新阶段。自由主
义者和进步主义者努力塑造了后"二战"时期的政治，从而
削弱了资本主义的最恶劣影响，其途径是建立福利国家、加
强管制、保护工人以及为非裔美国人的权利而斗争。尽管这
些努力非常勇敢，但是并没有触及问题的根本，那就是资本　94
主义本身。相反，这些改革的努力依旧跟资本主义为伍，而
不是跟摧毁资本主义的努力为伍。因此，当1970年代中期
的石油危机威胁到战后美国所预期的经济发展时，这个国家
不是去反对企业和银行，而是去反对自由主义。这几乎完全
是拜不合常理的右翼意识形态所赐，右翼意识形态让人们相

信，资本主义疾病的药方是……更多的资本主义。要少一些团结，多一些个人主义。少一些慈善，多一些贪婪。少一些政治，多一些家庭和自我。

这不是巧合，这种马克思主义者可能会进一步认为，在里根时代，个人身份崇拜也在我们的大学里发展起来了，而且还成为民主党、媒体、教育行业以及法律行业中的自由派权力精英的主导性意识形态。尽管许多学生为了赚钱而学习商学和经济学，但是其他学生却选了那些能让他们认识到自己到底有多特别的课。某些学生同时选修了这两类课程，从而既满足了他们的钱包，也满足了他们的良心。这个时代的思想力量和物质力量共同起作用，让他们只顾自己，并让他们相信，自以为是的态度既是好生意，也是好政治。身份不是左派的未来。身份不是一种敌视新自由主义（neoliberalism）的力量。身份就是左派的里根主义。

第三章

政　治

政治就是缓慢而稳步地钻透硬木板。[*]

——马克斯·韦伯

因此，第一要务应该是陈述愿景。

——《休伦港宣言》（1962）

---

[*] 引文出自韦伯《学术与政治》中《政治作为一种志业》的最后一段。中译请另参考〔德〕韦伯：《学术与政治》，钱永祥等译，桂林：广西师范大学出版社，2004年，第273–274页。

　　我们在漫长的里根时代里所发生的反政治与伪政治的故事就到此为止了。现在，自由派能从中学到什么呢？

　　最重要的教训是，两代人以来，美国一直没有关于其命运的**政治**愿景。既没有保守派的愿景，也没有自由派的愿景。在目前的状况下，只有两种迂腐的个人主义意识形态，两者本质上都无法分辨共同善，也无法团结起来保家卫国。统治我们的政党不再知晓他们在宏观上要什么，只知道他们在微观上不要什么。共和党人不要罗斯福新政、新边疆政策（the New Frontier）* 和伟大社会计划所遗留下来的纲领 100 与改革方案。而民主党人不希望共和党人停止这些政策。然而，不管政府的规模与形态是什么，这两个政党的终极目标究竟是什么呢？他们的根本追求是什么呢？什么样的未来形象支配着他们的行为呢？他们似乎再也不知道了。因此，人们也不能指望公众知道。我们发现自己处在一个后愿景时代

---

* 新边疆政策是肯尼迪总统在1960年接受民主党总统候选人提名的演讲中提出的国内施政纲领："今天，我们站在一个新边疆的边缘——这是1960年代的边疆，这是机会和危险莫不可知的边疆，这是希望和威胁尚不确定的边疆。"

（post-vision）的美国。

　　讨论政治愿景听起来难免有点荒谬。政治愿景并不是可买卖之物。你无法种植政治愿景，无法挖掘政治愿景，也无法狩猎政治愿景。实验室中无法发现政治愿景，也没有怀揣简历的候选人排着队面试政治愿景这一职位。如果我们适时遇到新的社会现实，遇到抓住这一现实的思想，遇到能够将公众头脑中的思想与现实联系起来的领袖，从而使人们感受到其中的联系，那么，政治愿景就会自动产生了。（理解政治愿景并不那么重要。）罗斯福、肯尼迪与里根等天赋异禀的领袖的出现，就像弥赛亚的归来那样不可预知。我们唯一能做的就是做好准备。

101　　我们如何应对唐纳德·特朗普当选总统，将是对我们所做准备的首次考验。他的政府班底一上来就已经丑闻缠身。但特朗普当上总统本身才是真正的丑闻。是的，关键州的少量额外选票本可以改变选举人团的结果。然而，正是从底层涌出的第三股力量填补了真空，并打败了两大政党，就算民主党胜利了也无法掩盖这一事实。事实证明，人们有一种尚未释放的渴望，他们渴望听到有人用一种不同的方法来应对美国所面临的新挑战，他们渴望听到有人愿意倡导变革，

并且毫不含糊地说，美国可以变得伟大。特朗普给出的是
权威主义的咆哮和一连串变幻不定且稀奇古怪的即兴"立
场"，而非政治愿景。但是，他那蛊惑人心的技巧却足以打动
数百万人，让他们为他那挑起种族仇恨（race-baiting）、厌女
症、赤裸裸的暴力威胁、鄙视媒体及藐视法律的行为而喝彩。

　　我们已经能感觉到他所带来的后果了：我们的公共
生活正在一天天变得越来越丑陋。因而，令人振奋的是，
我们看到自由派如此迅速就组织起来对抗特朗普了。但
是，对抗是本能反应，而非前瞻性的。而且，反特朗普主
义（anti-Trumpism）也不是一种政治。我的担忧是，自
由派会疲于应付特朗普的一举一动，然后从根本上被他耍 102
得团团转，这样，他们就无法抓住甚或认识到特朗普给他
们留下的可乘之机了。既然特朗普已经摧毁了传统共和主
义（conventional Republicanism）以及原则性保守主义
（principled conservatism）*的残余，那么竞技场中就空空如

---

* 原则性保守主义是保守主义的一种，常被视为温和保守主义（moderate conservatism）
　的对立面。作为一种政治哲学，原则性保守主义有三大支柱："促进一套固定且明确
　的政策目标"，"假设这些目标通过观念与信仰体系的传播来推进"，"拒绝根据不断变
　化的情境进行务实的调整"。（Austin Bramwell, "What Is Principled Conservatism?",
　American Affairs, Vol.Ⅱ, No. 1, Spring 2018.）

也了。有史以来第一次，我们自由派没有名副其实的意识形态对手了。因此，关键是，我们要超越特朗普。

唯一剩下的对手是我们自己。我们已掌握了自我损害的技艺。正当我们自由派需要以某种方式说服全国各地各行各业的人，让他们相信他们共享着一个共同命运，并且需要团结在一起时，我们的修辞却鼓舞了自以为是的自恋。正当政治意识与战略规划需要发展时，我们却正将我们的精力耗费在象征性的身份戏剧之上。正当我们在拼命通过赢得选举来夺取制度性权力的关键时刻，我们却将力量分散到各种表现运动（expressive movements）中，而这些运动并不关心它们对广大选民会产生的影响。正当我们需要教育年轻人把自己视为互相负有义务的公民时，我们却反而鼓励他们堕入自我的奇幻世界中。让人沮丧的真相是，我们无法为这个国家提供政治愿景，而且我们的思考方式、言说方式和行动方式绝对无法产生一个政治愿景。

苏联解体之后一段时间，不管人们对共产主义还抱有什么希望，一群具有改革意识的意大利左派人士创办了一份活跃的政治杂志《重置》(*Reset*)。(此后它转变为一家活跃的网站。)杂志名称取得不错，也反映了编辑的信念：某种左派观念、某种思想传统与行动传统，已经干净利落地落败了。因此，是时候去重新思考基本假设，质疑旧教条，改掉坏习惯，并且打破禁忌了。

随着唐纳德·特朗普的当选，美国自由主义迎来了**重置**时刻。是时候让我们重新认识我们制度中的民主政治需求、可能性及制约了。我总结了一些能够从我所提供的历史与分析中吸取的教训，作为对这一努力的微小贡献。 104

前三项涉及优先性：制度政治优先于运动政治；民主说服优先于漫无目的的自我表达；公民身份优先于群体或个人身份。第四，在一个日益个人化与原子化的国度，我们急需公民教育(civic education)。他人或许从我的陈述中汲取了不同的教训，或者加上了他们自己总结的教训，或者质疑了这个陈述本身。没有关系。关键是我们要开始关注我们在我们自己与美国公众之间、在我们自己与未来之间所设置的任何障碍。我们必须从质疑禁忌开始，特别是围绕着身份的禁忌，因为这些禁忌使我们无法审视这些障碍。我们的共同目标必须是，我们要将自己置于某个位置上，从而发展出一种鼓舞人心的乐观愿景，这个愿景关乎美国是什么，美国又能通过自由派的政治行动成为什么。

105　游行者与市长

　　罗斯福时代，美国自由主义的两大主题是正义与团结。自由派明白今天仍然显而易见的事实，那就是，保障正义与团结最终取决于在稳固的民主制度中取得并掌握权力——这里所说的民主制度包括行政机关、立法机关、法院以及官僚系统。由此可见，考虑到我们是联邦制，第一政治要务是在全国范围内赢得选举。

　　身份自由主义者却从未吸取这一教训。他们仍然迷恋着运动政治。社会运动在美国历史中的作用固然重要，但被左翼积极分子与历史学家严重夸大了，尽管原因是可以理解的：1950年代到1980年代期间，为争取非裔美国人、女性与美国同性恋者的权利而进行的有组织的努力确实改变了美国。然而，经历过这样一种改变之后，任何人都自然地倾向于开始根据这种改变来理解过去，然后将一种想象出来的趋

势向外投射到未来。其结果就是辉格党式的历史。我在我的 106
大学课堂上发现，即便不是多数，也有许多大一学生被教导
用这种方法来学习美国史，或通过电影与电视纪录片来学习
这种美国史。可以说，他们的美国史知识架构主线是这样一
种叙事，从19世纪的废奴运动与妇女争取选举权运动平稳过
渡到20世纪初的劳工运动，然后以我前面提到的那些更晚
近的运动结束。这似乎给他们留下了这样一种深刻的印象：
历史进程正在展开，并注定会延续到未来。

这种历史叙事的问题是，它给人们留下了一种错误的印
象，让人以为美国民主政治的主要焦点是而且从来就是：政
府。我们的立宪者所做出的安排是，我们必须通过各种制度
来采取政治行动，这些制度要求协商与妥协，并依赖频繁的
选举、权力制衡、独立的公务员制度、文官控制军队、制订
法律法规以及公正执法等体制。所有这些都必须在三级政府 107
中完成。这就意味着，要在政治上取得成功，就需要大量烦
琐而渐进的工作，这些工作对立宪者来说是一种忠告。他们
想让美国避免欧洲的命运，他们看到几个世纪以来欧洲深受
暴君的专断统治、宫廷阴谋、政变、宗教战争及共和制下的

派系斗争（republican factionalism）之苦。这些虽然是诗歌的素材，却也压抑着人类的心灵。在他们看来，将我们用在政治上的精力投入到各种制度上去，同时使各种制度尽可能透明且具有可参与性，这该有多好啊。

浪漫主义者对这种缺乏戏剧性的政治观念感到恼火。他们宁可把政治视为一种零和对抗——人民对抗权力，或文明对抗暴民。个中原因不难理解。比起将历史视为一系列革命、反革命、复辟、宣言、群众游行、持不同政见者、警方镇压、总罢工、逮捕、越狱、无政府主义轰炸以及暗杀，还有什么更令人激动的吗？比起政党、公共行政以及条约组成的历史，还有什么更无聊的吗？从法国大革命一直到相当晚近的时期，欧洲政治思想中都有一种强烈的反自由倾向，这种倾向在左派和右派那里都有，它既是被沉闷的民主产生的审美疲劳所激起，也是被道德信念所激起。

1848年革命之后，马克思式社会主义（Marxian socialism）来到了美国，随之而来的还有欧洲对自由民主程序的怀疑。最终，这种怀疑烟消云散了，社会主义组织也开始参与选举政治。但是，他们仍然自视为运动的先锋，而非民主大合唱中的声部。他们偏爱的政治策略仍然是群众示威游行和罢工，而不是赢取郡级官员的选举等。这些群体在美国政治中的重要性在大萧条期间达到了巅峰，然后就逐渐消退了。然而，他们的运动理想仍然支配着左派，而且也在1960年代吸引了自由派的目光。过去曾经有过各种解放运动，例如反对奴隶制运动、争取妇女权利运动、保护工人运动。这些运动没有质疑美国制度的正当性；它们只是要求美国遵守规则并尊重程序。它们跟政党合作，并通过各种制度来达成目标。然而，随着时间从1970年代进入1980年代，许多自由派开始把运动政治视为制度政治的替代而非补充。并且，一些人认为运动政治更具有正当性。这是如今我们所谓的社会正义战士诞生之时，社会正义战士是一种堂吉诃德式的社会人物，其自我形象在于毫不妥协，而且不被区区利益所收买。

不过，民主国家的铁律是，通过运动政治所取得的任何成果，都可以通过制度政治来加以取消。反之未必如此。各种运动在过去半个多世纪里重塑了我们的国家，它们做得相当不错，尤其是改变了我们所谓的情感与理智。正如甘地与马丁·路德·金所认为的，这或许是任何运动所做的最重要之事。不过从长远来看，这些运动无法独立实现具体的政治目标。它们需要体制内政客与公职人员支持运动的目标，并愿意通过缓慢而耐心的工作来竞选公职，起草法案，讨价还价让法案通过，然后监督官僚机构执行法案。马丁·路德·金是美国历史上最伟大的运动领袖。然而，正如希拉里·克林顿曾经正确指出的，如果没有机器政客*林登·约翰逊等人的努力，马丁·路德·金的奋斗不过是泡影。约翰逊擅长在国会讨价还价，为了通过《民权法案》（Civil Rights Act）与《选举法案》（Voting Rights Act），他愿意跟魔鬼签署任何协议。

即使立法通过，这项工作也不会停止。人们必须不断赢得选举，来捍卫社会运动所取得的成果。如果激进的共和党多年来在各级政府和各个政府部门的节节胜利应当教会自由派什么的话，那就是赢得选举在今天的绝对优先性。鉴于共和党人的毁灭性怒火，这是确保新近赢取的对非裔美国人、其他少数族裔、女性及美国同性恋群体的保护得以持续的**唯一**方法。研讨会和大学研讨课做不到。网络动员和快闪族

---

* 机器政客（machine politician）指的是出于私人目的而控制了政党的小集团中的政客。

（flash mobs）做不到。抗议、捣乱和发泄也做不到。至少就目前来说，运动政治的时代已经过去了。我们不再需要游行者。我们更加需要市长、州长、州议员和国会议员……　111

民主中的人民和民主党人中的人民

我已经将身份自由主义的历史称为大撤退的故事。而且，我还将身份自由主义视为一种自我转向。然而，身份自由主义既拒绝接触这个国家的大部分地区，也拒绝接触许多在所有议题上观点都跟我们自己截然不同的人们。对此，我的意思并不是存在着某些隐蔽而同质的"沉默的大多数"或"真正的美国"，他们的观点比其他人的观点更加重要或更有德性，因此必须对之顶礼膜拜。这是美国新右派的建国神话，它始于巴里·戈德华特（Barry Goldwater），但是2016年的总统大选却埋葬了其余的一切。我的意思毋宁是，身份自由主义者太专注于自己以及觉得自己所属的群体了，他们格外鄙视通常的民主　112政治，因为民主政治意味着接触和说服不同于自己的人们。相反，他们开始在高高在上的布道坛上向没有受洗的人们布道。

这种脱离**人民**的行为甚至也被制度化了。1968年民主党全国代表大会后，民主党的规则被大幅度修改了，表面上是为了向那些之前被工会和城市老板所忽视的群体和利益集团开放。而正如大多数历史学家都一致同意的，其意想不到的结果是，曾经是民主党中坚力量的蓝领工会和公职人员都被边缘化了，取而代之的是只关心单一议题或特定总统竞选的受过良好教育的积极分子。这样，民主党手中的这批中坚力量就被抢走了，这批人容易交流，也善于倾听受过良好教育的自由派精英和民主党选民群体。这批人还善于测量公共舆论的温度和气压，从而让精英知晓外面的政治气候，并提议何时应该带上雨伞。

◇

113　　不信任立法程序，逐渐依赖法院来达成目标，也使民主党自由派精英脱离了更广泛的选民群体。要通过立法，你需要说服各种不同类型的人们相信这是有道理的，而这可能需要妥协，但也有助于保证法律不会使大众作出反应，以为他们的处境比一开始变得更糟糕了。立法可以稍加调整，而立法谈判则通常关乎如何平衡若干相对善（relative goods）。在通常的民主政治中，各种群体代表了各种利益。这些利益可以捍卫，而如果有必要达成协议，这些利益也可以互相平衡。然而，如果站在法庭中，你只要把你的案件形容为绝对的法律权利问题，你只要说服分配到你这个案件的法官。

这就是早期民权运动的基本策略。然而，从此自由主义在公众心目中的声誉就是一场灾难了。这让自由派养成了习惯，把每个议题都当作不可侵犯的权利议题，没有为谈判留下任何余地，并且不可避免地把反对者视为不道德的怪物，而不是视之为具有不同观点的公民同胞。这也使自由派不再那么有耐心去发现人们的立场，并试图说服他们，然后建立 114
社会共识，而这是任何社会政策最可靠的基础。自由派过于拘泥于法律条文的路径为共和党人的主张打开了一个大缺口，共和党人认为他们才是真正的**人民**代表，而民主党人代表的是高级牧师阶层。这个形象依旧留在公众的脑海里。

美国人是一个奇怪的物种。我们喜欢布道，我们也讨厌接受布道。我们的大脑一边无限循环着科顿·马瑟*的布道，

---

*　科顿·马瑟（Cotton Mather，1663—1728）是美国著名的清教徒牧师，出生于波士顿，毕业于哈佛大学，一生著述颇丰，写作了400多本书。他曾推动创建耶鲁大学，并在美国普及接种天花疫苗方面作出了杰出贡献。然而，他也因卷入臭名昭著的塞勒姆女巫审判案（Salem witch trials）而备受争议。

另一边则回荡着马克·吐温的笑声。当马克·吐温这边打盹了，科顿·马瑟那边就大觉醒（Great Awakening）了。亢奋的狂热浪潮向我们汹涌袭来，所有的均衡感都丧失殆尽了，一切似乎都陷入难以忍受的道德焦虑中了。**忏悔吧，美国，现在就忏悔吧！** 此时此刻这个国家正在经历一场种族和性别大觉醒，这就是为什么所产生的修辞听起来是福音，而不是政治。现在人们到处都可以听到**觉醒**这个词语，而这是一个赠品，它要求的是精神皈依，而不是政治协议。严苛的言论监控，保持耳根清净，把轻微的错误夸大为致命的罪恶，禁止宣传肮脏的思想，所有这些校园身份的荒唐事在美国宗教复兴运动中都有先例。马克·吐温先生可能认为这是有趣的，但是每次民意调查都显示，大多数美国人并不这么认为。

自由派要参加竞选，并赢回中间派工人阶级选民的选票。这是首要工作。而用这种方式来恐吓选民最能让选民对投票失去兴趣。这里有几个对身份意识的提醒：

选举并不是祈祷会，没人对你的个人信仰见证感兴趣。选举不是为了获得承认的治疗课程或治疗场合。选举不是研讨课或"教学时刻"。选举也不是揭发腐败者，然后把他们赶出城镇。假如你要拯救美国的灵魂，那就考虑做一名神父吧！假如你要强迫人们认罪并皈依，那就穿上白袍，然后前往约旦河吧！假如你决心对美国进行最后的审判，那就成为上帝吧！然而，假如你要从右派手中赢回美国，并为你所关心的人们带来持久的变革，是时候从布道坛上下来了！[1]　116

一旦你从布道坛上下来，那就学会倾听和想象。你应该去看看那些没有无线网络、咖啡味淡的地方，即便只是用你的心灵之眼，这样你就不会想在照片墙（Instagram）上贴你的晚餐照片了。在那些地方，你可以跟那些在祈祷中真心感谢那顿晚餐的人们一起就餐。不要瞧不起他们。作为一个优秀的自由派，你已经学会不要这样对待偏远地区的农民，并将这个教训应用于南方的五旬节派（Pentecostals）和山地州的枪支持有者身上了。正如你没想过把另一种文化信仰视为纯　117
粹的无知而加以抛弃，你也不要自动把你所听到的归之于右

---

1 孩子们对责骂的反应并不好，国家也是如此。这只会惹他们生气。只有当他们被告知，他们已经很好了，**因此**可以再进步时，他们才会变得更好。我们也应该聪明地承认并庆祝这个事实，即就我们所关心的某些议题，情况已经变好了，感谢我们的努力：一个受过教育的黑人中产阶级已经形成了，女性的工作机会越来越多了，社会已经接受同性恋了，等等。我们应该利用已经取得的进步来刺激我们继续工作，而不是假装情况已经糟透了，美国人的道德已经坏透了。

翼媒体机器（尽管右翼媒体确实面目可憎且腐败透顶）。试着听听虚假断言的背后是什么吧，看看你是否真的不能用它来建立某种联系。[1]

民主政治有关的是说服，而不是自我表达。**我在这里，我是酷儿**，这只会让人们拍拍你的头，或者给你翻个白眼。如果你接受这一点，那么你在一切事情上都不会跟人们达成一致——而这是民主社会所期待的。参加跟身份相关的社会运动的一个后果是，你的周围将围绕着头脑相似、长相相似和教育背景相似的人们。不要对你想说服的人施加纯洁性测试。并非所有事情都是原则问题。即便有些事情是原则问题，通常还有其他同等重要的原则可能要被牺牲来维护这个原则。道德价值不是拼图游戏中的碎片，其中的每一片都事先经过量身定做，从而可以互相匹配。

118

---

1 选举政治有点像钓鱼。钓鱼的时候，你一大早就要起床，然后去鱼所在的地方，而不是你希望鱼出现的地方。接着，你把鱼饵扔进水里（鱼饵被定义为鱼想吃的东西，而不是"健康的选择"）。一旦鱼儿意识到自己上钩了，就会挣扎。让它们挣扎吧，放松你的鱼线。最终，它们会安静下来，然后你再慢慢转动卷轴，把它们拉进桶里，小心不要无谓地刺激它们。身份自由主义者的钓鱼方法是，留在岸边，对着鱼儿吼叫大海对它们犯下的历史错误，以及海洋生活要求它们放弃自己的特权。这一切都是希望鱼儿集体认罪，并游到岸边，等着被网住。如果这就是你的钓鱼方法，那么你最好成为素食主义者。

举个例子。我在堕胎问题上是个绝对主义者。堕胎是我最关心的社会问题。我认为，在美国的每一寸土地上，堕胎都应该无条件安全合法。然而，并非我的所有公民同胞都会同意我的观点（尽管绝大多数人在某些情况下会同意）。那么，我的策略应该是什么呢？难道把支持胎儿生命权（pro-life）的选民驱逐出我们的花园，然后让他们投入激进右翼已经张开的双臂中吗？抑或，为了把自由派留在我自己党内，并在其他议题上跟我一同投票，我是否应该找到一种求同存异的斯文方式，然后作出一点妥协呢？

1992年，民主党在全国代表大会上首次对自己进行了这项实验。那一年，宾夕法尼亚州的天主教徒州长罗伯特·P.凯西（Robert P. Casey）不断努力在该州扩大社会服务。他非常支持工会，他要求在全国代表大会上发言，并向该平台提交了一份支持胎儿生命权的政纲，尽管他知道这会被驳回。他的请求被否决了。这向工人阶级天主教徒和福音派选民发出了强烈的信号：如果他们在这个议题上没有跟民主党保持一致，那么他们在民主党内就不再受欢迎。2017年1月华盛顿妇女游行前夕，同样的情况也发生在具有宗教信仰的女权主义团体身上。她们想去表达对特朗普的反感，但是

119

同时她们也反对堕胎。结果，她们没有被邀请。又一座桥梁被烧断了。

公民们，联合起来！

身份自由主义把"我们"这个词语驱逐到了体面的政治话语外围。但是，没有"我们"，自由主义就没有长远的未来。在历史上，自由派曾呼吁"我们"争取平等的权利，他们希望"我们"对不幸者有一种团结意识，并帮助这些不幸者。"我们"是一切的开端之处。奥巴马明白这一点，这就是为什么他经常说"是的，我们可以"以及"我们不是那样的人"。（尽管他的典型做派是从来不说我们到底是谁，或我们可能成为什么样的人。）但是，身份自由主义者抛弃了这个词语，这样就让他们自己陷入战略矛盾了。当他们言及自己的时候，他们希望坚持自己的差异性，而一旦人们有任何迹象抹去了他们的特殊经验或需求，他们就作出暴躁的回应。然而，当他们呼吁人们采取政治行动来支援他们的 X 群体时，他们所要求的对象却是他们所定义

120

的非 X 群体。他们认为，这些群体的经历根本无法跟自己相提并论。

　　但是，如果事情是这样的话，这些他者为什么要回应呢？除非那些非 X 群体认为他们跟 X 群体共享着某种东西，否则那些非 X 群体为什么要关心 X 群体呢？我们到底为什么要期待他们有什么感觉呢？

　　这个难题的唯一解决途径是诉诸我们作为美国人都共享，但却跟我们的身份无关的某种东西。这并不是要否定身份的存在和重要性。要是自由派想再次言说这个东西的话，这个东西就是公民身份（citizenship）。[1]

121

　　诚然，"公民"这个词语有点陈腐的味道，某个年龄段的人们联想起的是，学校教师在公民课上用木质教鞭敲打着黑板的画面。但是，公民这个词语蕴含着巨大的民主潜力，也蕴含着民主党的潜力，尤其是今天。这是因为公民身份就是一种**政治身份**。我们说我们都是公民，并不是说我们在每个方面都是相同的。今天，许多美国人都从身份群体的角度

1　再重申一遍：我这里所谓的公民身份并不是指应该给谁公民身份，也不是指应该如何对待非公民。在这里，我所感兴趣的只是公民身份**是**什么。

来看自己，这是社会事实，但是他们没有理由不能像其他所有人那样同时把自己视为政治公民。这两种观点都可能是对的，而且确实是对的。在我们历史的这个重要关头，关键的是聚焦于这个共享的政治身份，而不是我们的其他明显差异。公民身份是反对里根主义教条之战中的关键武器，因为公民身份让我们意识到，我们是**我们人民**的自由意志所创造的正当的共同事业的一分子。我们不是基本粒子。

122

根据政治公民身份来思考和言说的另一个理由是，其身份是可以扩展的，其含义是可以延伸的。今天美国右派把"公民身份"这个术语用作排斥的工具，但是自由派传统上却视之为包容的仁慈工具。现代公民身份概念的原初含义是，你不是君主或教皇权威下的奴隶或臣民。这是公民身份的正式含义，并且仅限于一小部分人民。在19世纪的欧洲和美国，这个问题成为谁应该是公民的问题，最终正式的公民权扩展到了无产者、女性和曾经的奴隶等。20世纪，这个问题的中心成了，我们需要怎样的必要物质条件来平等共享民主公民身份的好处，而这是为现代福利国家辩护的一种方式。自由派改善国家的所有观点，依旧可以根据公民赋权来加以表述。

◇　123

　　公民身份概念还有一个优点。它提供了一种政治语言，用来表述超越身份归属的团结。民主的公民身份意味着相互的权利和义务。我们负有义务，是因为我们享有权利；我们享有权利，是因为我们履行了我们的义务。然而，我们的社会越是变得个人主义，美国人对自己的权利越是坚定自信，政治讨论和法律话语就越是狭隘地围绕着自我旋转。"二战"期间，权利与义务的关系不必赘述；反法西斯主义斗争使之变得显而易见。对于那些服役于朝鲜战争的年轻男女来说，甚至对于越南战争早期的志愿者来说，这种关系依旧是显而易见的。但是，越战惨败使义务概念成为那些反战者眼中的笑柄，很快它也成为大部分美国人眼中的笑柄。

　　我们时代的政治信条使我们几乎无法讨论义务问题。如果你**不需要该死的政府为你做任何事情**，你为什么要为你的国家做任何事情呢？里根时代引人注目的是，他的所有讲话都把美国说成是反抗暴政的最后一道防线。在他的总统任期内，他一次也没有要求公众为捍卫国内外的自由而作出任何牺牲。他对这个国家的自由至上主义情绪理解得太到位了。

124

我们现在发现扩大财政赤字并依靠清一色的志愿兵要容易得多，然后让战士享有优先登机权，并感谢他们的服役。但是，他们为什么还要这么做呢？因为他们获得了回报。

进步主义者以一种身份自由主义者无法理解的方式理解到团结的必要性，这是可能要靠进步主义者来将当代自由主义从自身中解救出来的诸多原因之一。[1]但是，进步主义者也不讨论义务问题。他们依旧是沉迷于阶级问题并对美国工业联盟的往事充满怀旧的囚徒。进步主义者完全可以主张，阶级现在还是跟第一次镀金时代一样重要。但是，阶级意识对

125

1　思考一下伯尼·桑德斯在2016年总统大选结束后不久所作的发言：

"你们将要在民主党内看到的一场斗争是，我们是否能够超越身份政治。我认为，如果你们的某个大公司里有一个非裔美国人领导或首席执行官，那么美国就向前迈进了一步。但是，如果那个人打算把这些工作带出他的国家，并剥削他的工人，那么他是黑人也好，白人也好，拉丁裔也好，你们知道这些都并不意味着什么。我们需要候选人——黑人、白人、拉丁裔、同性恋者和男人。我们需要所有这样的候选人。但是，我们需要所有这些候选人和公职人员都能有勇气反抗寡头政治。这就是今天的战斗。"

数日后，伯尼的前发言人西蒙娜·桑德斯女士（Symone Sanders，两人没有血缘关系）无意中透露出这场斗争到底有多艰难的证据，她宣称："我认为，现在我们不需要白人来领导民主党了。民主党是多元的，它应该在领导层和全体党员中最大限度地体现（reflected）这种多元性。"（里拉原书的英文单词是reelected，而不是reflected。经查西蒙娜·桑德斯这段话的原视频，并跟里拉本人确认，应当是reflected，译者予以更正。视频网址：https://www.realclearpolitics.com/video/2016/11/23/cnns_symone_sanders_we_dont_need_white_people_leading_the_democratic_party_right_now.html——译者注）

人类心灵的影响（当然也对美国人的心灵产生影响）已经远
远不如喜欢埋头思考的马克思主义者所产生的影响了。如果
团结意识只是建立在经济怨恨的基础之上，那么，只有那些
感到处境不利的人们才会共享这种团结意识，而且，一旦他
们的财富在经济好转的时候得到改善，这种团结意识就会烟
消云散。进步主义的政治修辞无法让富人相信，他们对穷人
负有永恒的义务。《圣经》里曾经可以做到，但是现在也不行
了。尽管美国依旧是个常有人去教堂的国家，但是，如今所
布道的福音跟美国人生活的其他领域一样，也感染了个人主
义、自私自利和浅薄无知的病症，尤其是在福音派圈子里。
许多教徒仍然向教会交什一税（tithe），但是他们断然拒绝这　126
样的观点，即税收（taxes）也是一种民主什一税，它被用来
帮助像他们自己那样的公民同胞。慈善就像小费，现在也取
决于顾客的意愿了。

　　在无法激发慈善信念的情况下，人们有望激发义务感的
唯一方式是建立特权阶层和弱势群体之间的某种相互认同关
系（identification）。公民身份不是我们现在所使用的术语
"身份"（identity），但是它却提供了一种鼓励人们互相认同
（identify）的可能方式。抑或，公民身份至少提供了一种讨

论我们所共享之物的方式。进步主义者应该有充分的理由不再从阶级角度来表达他们的经济正义诉求，相反，他们应该开始诉诸我们共享的公民身份。[1]

127 ◇

身份自由主义者应该效仿。在这几页中，我已经严厉批评他们了，我的正当理由是，他们使得我们的分裂程度比之我们在个人主义时代所造成的还要大。但是，他们所关心的具体问题实在太真切了。警察经常单独挑出黑人司机和黑人行人，然后粗暴地对待他们，但是他们在某些地方本不该受罚，这是不合理的。某些年轻人（大多数是少数族裔）由于贩卖供穷人使用的毒品而被判长期徒刑，然而那些贩卖毒品给富人的人们却只需服短期徒刑，这是骇人听闻的。某些女性从事跟男性相同的工作，获得的报酬却更低，这是不民主的。同性恋伴侣在某些地方手挽手散步，可能会当街受到威胁（跨性别者受到的威

1　美国进步主义者一心一意关注经济学，这更多地归功于马克思主义，而不是原来的进步运动。如果他们想要再次成为美国政治的主要力量，那么他们就应该聪明地回忆一下进步运动的创立者和他们关于国家及其命运的宏大观点，而不是去回顾沃索出版社（Verso Press）最新出版的书籍。今天应该要求伯尼·桑德斯的所有选民都去阅读泰迪·罗斯福（Teddy Roosevelt）的作品（尽管他们将不得不略过大国沙文主义部分）。

胁有过之而无不及），而肇事者却不用担心受罚，这是错误的。他们的伴侣长期无法享有已婚伴侣所应享有的基本权利和尊严，这是可耻的。为什么？因为这些人都是我们的公民同胞，他们应该得到完全解放。这就是任何其他美国人都应该要知道的一切，这就是我们应该要吁求的一切。

　　法律平等保护每个人并不是一个难以让美国人相信的原则。难就难在如何让他们相信，这个原则在某些情况下已经被侵犯了，以及需要纠正这种错误。偏见与冷漠根深蒂固。教育、社会改革和政治行动可以让某些人相信。然而，大多人不会感受到他人的痛苦，除非他们感受到（即便以抽象的方式感受到），**承受这种痛苦的人可能是我或者我身边的人**。思考一下过去数十年间美国人对同性恋，甚至同性恋婚姻的态度所发生的惊人大转变吧。同性恋积极分子把这些议题带到公众眼前，但是态度的转变却发生在全美各地餐桌前孩子向父母出柜时的含泪交谈期间（有时是父母向孩子出柜）。一旦父母开始接纳他们的孩子，大家庭也会开始接纳。如今，全国各地都在以美国传统婚姻的盛况、愉悦和荒唐超支来庆祝同性恋婚姻。而种族则是完全不同的问题。鉴于美国社会的种族隔离，白人家庭鲜有机会看到美国黑

128

人的生活，因而也鲜有机会理解他们的生活。我不是黑人
男性司机，将来也不可能是。这样，如果我要被他的经历
所影响的话，我就更有理由需要某种方式来认同他了。而
公民身份是我所知道的我们唯一共享的东西。越是强调我
们之间的差异，我就越不可能对他所受到的虐待感到愤慨。

"黑人的命也是命"运动（Black Lives Matter）是无法
建立团结的教科书式案例。不可否认，通过传播和抗议警察
虐待非裔美国人，该运动动员了支持者，并唤醒了每一个有
良知的美国人。但是，同样不可否认的是，该运动决定利用
这种虐待来建立对美国社会及其执法机构的全面控诉，并决
定利用茅茅党人*的策略来压制异议，要求人们认罪与公开
忏悔（最引人注目的是，所有人都公开跟希拉里·克林顿对
抗），就落入了共和党右翼的圈套。

一旦你单单从身份的角度来提出一个议题，你就等于邀请
你的对手也这样做了。那些打出一张种族牌的人们，应该准备

---

* 茅茅党（Mau-Mau）是肯尼亚激进主义秘密组织。为了实现肯尼亚独立，他们采取
暴力和恐怖手段来驱逐欧洲殖民者，希望借此来结束英国的统治。但是最终，茅茅
党反而被英国当局所镇压。

好被另一张王牌吃掉，正如我们在2016年总统大选中隐约所见 　130
的，尽管看得并没有那么细致。而且，这也恰好给了那个对手
另一个冷漠对待你的借口。过去的民权运动领袖不像今天的黑
人积极分子那样去谈论身份是有道理的，他们并非胆怯，也不
是尚未**觉醒**。民权运动有意识地诉诸我们所共享的东西，从而
使美国感到羞愧而不得不采取行动，因此，它使美国白人更难
以保留两套法律，从心理上来说：一套是给"美国人"的，一
套是给"黑人"的。这些领袖没有取得完全的成功，并不意味
着他们失败了，也不能证明现在有必要采取另一种路径。其他
路径也不可能成功。对于什么构成了歧视或种族主义，今天要
求美国白人在任何情况下都达成一致，这样的路径当然也不可
能成功。在民主政治中，所设置的协议标准超出了赢得支持者
和赢得选举的必要程度就等于是自杀。

自由派的教育　　　　　　　　　　　　　　　　　　131

　　公民不是天生的，而是制造的。各种历史力量有时候就
发挥着这个作用。战争尤其能够激发之前并不存在的公民归

属感和团结意识。战争也可以消除这种归属感和团结意识，"一战"后的欧洲和越战期间的美国就发生了这种事情。人们最希望的是，民主公民将通过自治原则的教育来形成。但是，这只是开端。而要这些原则激励人们的行动，就必须使它们根植于我们生来并不具有的感受。感受无法被传授，而必须被唤起。这是政治中存在的最接近奇迹的事情了。

由于维系公民感受（civil feeling）困难重重，所以民主容易陷入混乱状态。当公民身份的纽带崩裂了或者松懈了，亚政治归属（subpolitical attachments）在人们的头脑中自然会变得至高无上。每次美国向国外输出民主的努力失败后，我们就能从中看到这一点。今天东欧的发展特别具有悲剧性，我们也能从中看到这一点。1989年柏林墙倒塌后若干年内，民主制度在德国建立起来了。但是，他们没有一种共享的公民身份意识，因为这是数代人努力的结果。没有民主人士的民主国家（Democracies without democrats）是无法持久的。民主政体会蜕变为寡头政体、神权政体、族裔民族主义、部落主义、一党专政的权威主义，抑或这些政体的混合。

美国历史的大部分时期都足够幸运地避免了这些混乱的

古老力量，即便是在毁灭性的内战和大规模移民之后。我们过去40年的历史中，最令人惊讶且最骇人听闻的是，我们的政治被两种意识形态所主导，而这两种意识形态鼓励甚至歌颂公民的**消解**。右翼意识形态质疑共同善的存在，并否定我们有义务在必要时通过政府行动来帮助公民同胞。而左翼意识形态在大学院校中制度化了，它崇拜我们的个人和群体归属，赞美自我专注，并怀疑任何唤起普遍的民主性**我们**（universal democratic *we*）的行为。正是因为美国在现实中已经变得更加多元化，更加个人主义化了，所以这个时刻不是没有必要，而是更有必要去培养政治同胞感受了。

不仅仅是这个原因。任何人只要看过2016年特朗普的总统竞选视频，都会见证暴民狂欢，而不是公民集会。对于口头暴力和身体暴力、针对记者的恐吓性嘲讽、针对竞争对手的威胁（"把她关起来！"）以及散播阴谋论（"一切都被操控了！"），最令人震惊的是那些在场者竟然毫不震惊。许多人加油喝彩，其余人只是耸了耸肩。他们离开时苍白无力地告诉媒体："他说的都是实话。"抑或，他们确信特朗普无意把他所说的话坚持到底，似乎这样就让人放心了。不管我们对特朗普支持者的合

133

理担忧会说些什么，他们都没有理由投票给特朗普。鉴于特朗普明显不适合担任高级职务，投票给特朗普不是行使公民权，而是对公民身份的背叛。

134 　　竞选期间显而易见的是，他的选民对我们的民主制度如何运转一窍不通，对所有让民主制度良好运转的非正式规则和规范一无所知。他们所拥有的一切似乎是，我们的大众文化和右翼媒体不断更新的疑点重重的权力阴谋图像。（电影《史密斯先生到华盛顿》[*Mr. Smith Goes to Washington*] 要担负的责任跟福克斯新闻一样多。）希望**彻底改造**（shake things up），然后就这样拉倒，这并不是民主的动力。这是从古希腊至今的蛊惑民心的政客所培育和利用的暴政动力。现在特朗普实际上正在彻底改造——他在把他的政府部门改造为军政府和家族企业的古怪联合体，他在推特上推送精神错乱的观点，他在肃清那些不够恭顺的思想。而我们那些身披国旗的茶党爱国主义者是如何回应的呢？捍卫他！

　　我们是否已经不再在全国大部分地区制造公民了呢？我们是否会变成另一个没有民主人士的民主国家呢？

　　这应该是我们的主要忧虑之一。我们成为美国人的方式

多种多样。我们在年轻的时候学会相信个人的独特性，我们 135
在学校和工作场所学会融入环境而不"傲慢自大"（在美国
人眼里，这是最根本的原罪），我们在教会和志愿者组织学
会合作，我们在电视节目、电影甚至商业广告的单调重复中
强化了所有这些价值。我们毫无疑问可以把"美国人"培育
为某种社会类型，移民以惊人的速度轻轻松松就成了这个意
义上的美国人。

　　但是，为了成为入籍公民，移民还必须通过公民入籍考
试。这并不容易。他们被问及民主政府的原则，也被问及美
国宪法和《独立宣言》中具体入微的特征。他们要知道我们
各级政府机构的结构，也要知道每个政府部门的相对权力。
他们被问及公民权利，也被问及公民义务。该考试甚至包括
美国历史的细节问题，从建国开始一直到现在。如果你认识
任何参加过考试的人，你就会知道通过考试对他或她有多么
重要，他或她对着国旗宣誓效忠时有多么感动。这种经历使
他们对这个接纳他们的国家有了归属感。 136

　　他们的孩子像出生在这里的其他人那样，不需要参加
这种考试。相反，他们将会发现自己陷入了一种高度个人主
义的文化，在其中，个人选择和自我定义已经成为偶像。他

们对公共义务和公民团结的必要性近乎一无所知。更甚的
是，除了跟他们选择交往的那些人在一起之外，他们将不
会被培养成能够**感受**（feel）团结的人。他们为什么会这
样呢？市场经济没有灌输这种感受（the feeling），我们的
学校没有灌输这种感受，我们的教会没有灌输这种感受，
我们的大众文化也没有灌输这种感受。相反，它灌输的是
情绪（sentimentality），而情绪是指向自我的。确实，许
多年轻人还是产生了这种感受。一些人出于原则性原因参
军了，特别是来自南方信教家庭的年轻人。其他人大学毕
业后在"为美国而教"（Teach For America）或类似团体
工作了一段时间，特别是来自中上阶层的年轻人。不知何
故，这些年轻人感受到了公民的纽带，并具有了义务感。
所以，我们知道它依旧存在。问题是，自由派是否会致力
于强化这种纽带，其方法是强调我们作为公民都共享的东
西以及我们彼此负有的义务，而不是使我们互不相同的
东西。

　　我在本书中所讨论的所有发展变化中，最适得其反的自由
派立场是以身份为基础的教育（identity-based education）。保

守派是对的：我们的教育机构自下而上主要是自由派在管理，教学也有自由主义倾向。但是，他们推断学生因此被政治化却是错的。我们时代的自由主义教育学目前聚焦于身份，它实际上是一股去政治化的力量。它确实使我们的孩子比我这一代更加宽容他人，这是好事一桩。但是，自由主义教育学却摧毁了普遍的民主性**我们**，而**我们**是建立团结、灌输义务和激励行动的基础，因此，这种教育学不是制造公民，而是消解公民。最终，这条路径只会强化主宰我们时代的所有原子化力量。[1]

奇怪的是，自由派学者把60年代人理想化了，正如他们那些已经听腻了的学生所知道的那样。但是，我从来没有听到过我的任何一位同事问过一个显而易见的问题：那一代人的行动主义和我们在学校里所了解到的我们国家之间到底有什么关系？毕竟，如果教授们希望看到他们自己的学

138

---

[1] 里根时代生活的一个小讽刺是，保守派看到自己被大学拒之门外，于是创造了类似的平行知识世界。这个知识世界由富有的赞助者所资助，杂志、出版社、学生报纸、校园组织以及暑期学校等一应俱全。在其中，热情而坚定的骨干得到了教育，并融入目前在华盛顿依旧是一股强大势力的人脉关系网络之中。同时，主导了大学的自由派依旧聚焦于身份问题，因此无法提供真正的政治教育，也无法培养出能够在我们的机构里共同合作的坚定骨干。也许是时候让民主党赞助者效仿保守派的榜样，致力于一种更加具有公民意识的自由主义，资助各种独立项目和倡议来教育新一代左派了解民主政治的原则和现实，并在他们中间建立团结意识和共同目标了。

生能够追随最伟大一代人的脚步，那么你会认为他们将试图重现那个时代的教育学。但是，他们没有这样做。恰恰相反。讽刺的是，1950年代和1960年代初的所谓传统而枯燥的学校，反而孕育了也许是美国建国以来最激进的一代公民。年轻人被**外面世界**的剥夺投票权所激怒，被**外面世界**的越战所激怒，被**外面世界**的核扩散所激怒，被**外面世界**的资本主义所激怒，被**外面世界**的殖民主义所激怒。相反，我们时代的大学却培养学生过分迷恋于他们的个人身份和校园伪政治，以至于他们对**外面**的大千世界提不起什么兴趣，不怎么想介入，坦白说也没什么了解。伊丽莎白·凯迪·斯坦顿（Elizabeth Cady Stanton，她学的是希腊文）、马丁·路德·金（他学的是基督教神学）和安吉拉·戴维斯（Angela Davis，她学的是西方哲学）都没有接受过以身份为基础的教育。如果他们被这种教育所毒害，难以想象他们会成为他们所成为的人。他们的反叛热情表明了他们所受的教育在多大程度上培养了他们心中的民主团结感受。而今这种感受在美国已经风毛麟角了。

不管你想对60年代人的政治漂泊说些什么（我已经说了很多了），用他们自己的话来说，他们是爱国主义者。当他们的公民同胞身上发生了什么的时候，他们会表示关心；当他们感到美国的民主原则被违背了的时候，他们也会表示关心。即便学生运动中的边缘人物采用了一成不变的马克思主义修辞，也总是听起来更像《洋基歌》[*]，而非瓦格纳的音乐。高中教师拿着教鞭敲打着黑板教他们公民课，这可能与之有所关联。他们在鼓励思想辩论并开发情感韧性和思想信念的环境下接受了相对无党派性的教育，这当然与之大有关联。你依旧可以发现这样的人还在大学任教，其中一些人就是我的朋友。大多数人比我还左，但是我们享受分歧，并尊重基于证据的争论。我还是认为他们不切实际，而他们却认为我没有看到做梦有时候是一个人可以做的最实际的事情。（我年龄越大，越认为他们有道理。）然而，当我们讨论我们国家的政治和公民教育是什么样子的时候，我们都一致摇头。

140

培养出他们那样的下一代公民并不是什么坏事。旧模式稍做调整，还是值得遵循：既有激情与承诺，也有知识与争论。对你自己头脑之外的世界和跟你自己不一样的人们要

141

---

* 《洋基歌》（"Yankee Doodle Dandy"）是美国传统爱国歌曲，曾经是美国独立战争歌曲，享有美国非正式国歌的美誉，现在也是康涅狄格州的州歌。

充满好奇。要关心这个国家及其公民，所有公民，并且愿意为他们作出牺牲。要有雄心壮志为我们所有人想象一个共同的未来。所有父母或教育者教导这些事情都是在从事政治工作——建构公民的工作。只有我们有了公民，我们才能希望他们成为自由主义公民。只有我们有了自由主义公民，我们才能希望这个国家走上康庄大道。如果你想抵制特朗普以及他所代表的一切，那么这就是你必须开始的地方。

致 谢

我有幸拥有来自截然不同的政治家庭的朋友。在本书写作期间，他们作出了评论，提出了批评，是的，也奉献了团结。我希望表达我对这些人的感激之情，但是人数太多了，无法一一列举。我要特别感谢罗素·塞奇基金会（Russell Sage Foundation）及其主席谢尔登·丹齐格（Sheldon Danziger）。当我意外接手这个项目的时候，他亲切地招待了我。我也要感谢安东尼娅·布鲁－希钦斯（Antonia Blue-Hitchens），她对我的研究所提供的帮助是至关重要的。

本书谨献给我的妻子戴安娜·库珀（Diana Cooper）和我的女儿索菲·里拉（Sophie Lilla）——忠诚的反对派。本书也献给我的老友加迪·陶布（Gadi Taub），他数年前就已敦促我写作这样一本书。

译后记：身份自由主义的陷阱

2017年1月21日，那是个寒冷的冬日，一腔热血的美国人却如潮水般涌上首都华盛顿的街头，目的是抗议前一天刚刚宣誓就职的美国新任总统特朗普。因为他出言不逊，冒犯女性。这场轰轰烈烈的女权主义运动是美国历史上最大规模的社会运动，创下了单日游行人数最多的历史记录，被称作"华盛顿妇女游行"（The Women's March on Washington）。

这场女权主义运动的宗旨是，"女权是人权"（"women's rights are human rights"）。它原本足以团结全体女性，可是却出现了一丝裂痕。反堕胎的女性群体被运动组织方从合作名单中删除了，其中一支是新浪潮女权主义者（New Wave Feminists）。新浪潮女权主义者是一群支持胎儿生命权（pro-life）的女权主义者。然而，支持女性选择权（pro-choice）的女权主义者并不欢迎她们。在她们看来，真正的女权主义者应该是支持堕胎的，反对堕胎的根本就不是真正的女权主义者。因此，新浪潮女权主义者的双重身份无异于自相矛盾。

就这样，一个小小的合作名单事件最终却演变成了一场舆论风波。迫于压力，处于风口浪尖上的运动组织方只好跟她们划清界限了。

对此，新浪潮女权主义者的发起人赫恩登－德拉罗莎（Herndon-De La Rosa）在一次访谈中言道："如果我们果真能够意识到我们有多少共同之处，并且在共同问题上共同努力，而不是让这10%的不同之处不断分裂和分化我们，那么，我想我们可能真的可以看到我们想要看到的未来。"[1]

然而，可悲的是，美国的身份政治却撕裂了本来可以并肩作战的公民同胞。他们拼命盯着这10%的不同之处，却遗忘了另外90%的共同之处。他们只知道他们具有不同的个人身份，却不知道他们具有共同的公民身份。

如果白人支持黑人民权运动，而黑人却说"你们不是黑人，你们无法理解我们"；如果男性参与女权主义运动，而女性却说"你们不是女性，你们没有资格"；如果异性恋者同情同性恋者，而同性恋者却说"你们不是同性恋者，你们不要装腔作势了"；如果曾经在同一战壕的黑人男性站出来

---

1 赫恩登－德拉罗莎的访谈参 "What It's Like to Be a Pro-Life Feminist (Yes, You Read That Correctly)"，*Entity Magazine*, January 29, 2017。

支持黑人女性发起的女权主义运动，而黑人女性却说"你们是男性，你们有性别歧视"；如果白人女性和黑人女性共同参与女权主义运动，而黑人女性却说"你们是白人，你们有种族主义倾向"；如果白人男异性恋者发声支持黑人女同性恋者的维权运动，而黑人女同性恋者却说"你们不是黑人，不是女性，不是同性恋者，你们有什么资格说三道四"，那么，这些被排斥者的反应是什么？

他们的反应恐怕是分道扬镳，而这就是身份自由主义（identity liberalism）的大麻烦。本来，黑人有望团结白人来争取黑人的权利，女性有望团结男性来争取女性的权利，同性恋者有望团结异性恋者来争取同性恋者的权利，黑人女性有望团结黑人男性来争取黑人女性的权利，黑人女性有望团结白人女性来争取黑人女性的权利，黑人女同性恋者有望团结白人男异性恋者来争取黑人女同性恋者的权利。但是，身份自由主义却把美国社会撕扯得四分五裂。身份自由主义的核心理念是，非我同类，其心必异。因此，原本同情和支持他们的"异类"纷纷转身离去：白人慢慢消失在黑人的视野中，男性在女性的指责声中缄默不语，异性恋者在同性恋者的痛斥下无言以对，黑人男性悄悄躲开了黑人女性的严厉目光，白人女性默默离弃了黑人女性，白人男异性恋者目送黑人女同性恋者的背影渐渐远去。原本团结的政治最终沦落为分裂的政治，这真是一个令人遗憾的局面。面对此情此景，身份自由主义到底应该何去何从呢？

马克·里拉的著作《分裂的美国》（ *The Once and Future Liberal: After Identity Politics* ）是一份美国自由主义病症的诊断报告。在里拉看来，美国自由主义罹患的病症正是身份自由主义，而其治疗方案是公民自由主义（ civic liberalism ）。因此，在这份诊断报告中，里拉痛心疾首地告诫美国自由派，美国自由主义的出路是，终结身份自由主义，转向公民自由主义。

但是，里拉的公民自由主义药方带来了新的病症。他踌躇满志地把美国自由派从身份自由主义的陷阱中拯救出来，结果却带领他们误入公民自由主义的陷阱。因此，本文将提出一种新的治疗方案，那就是公共自由主义（ public liberalism ）。本文将分为三个部分来讨论这个问题。第一部分将先简要勾勒身份自由主义的病症，即没有公民政治的身份政治（ identity politics without civic politics ）。第二部分将分析里拉所配制的公民自由主义药方，即没有身份政治的公民政治（civic politics without identity politics）。最后，本文将指出身份自由主义的问题是没有公民政治，而公民自由主义的问题是没有身份政治，因此，本文将提出公共自由主义的治疗方案来矫正两者的问题。公共自由主义具有两大核心内容：第一，有公民政治的身份政治（identity politics with civic politics）；第二，有身份政治的公民政治（civic politics with identity politics）。

一、身份自由主义的病症

甫一开篇，里拉就给美国自由主义下了病危通知书："21世纪的美国自由主义正处于危机之中。"[1]里拉的诊断貌似危言耸听，甚至有点夸大其词。美国是西方世界的自由灯塔，而且经济总量百年来一直位居世界第一。这座自由灯塔的熊熊火焰燃烧到21世纪的今天难道会就此熄灭吗？这样的判

---

1 引自本书第33页。本文第一部分和第二部分的内容主要概括自马克·里拉的这本著作，同时也添加了我自己的理解。故除了特别具体的引文和内容，不再一一标明具体引自本书的页码。

断确实有点匪夷所思。

其实，里拉并不是唯一呐喊"自由主义正处于危机之中"的学者。自2016年英国脱离欧盟、特朗普当选美国总统以来，西方世界就弥漫着一股自由主义奄奄一息的悲观气息。自此，"自由主义死亡""自由主义危机"等字眼就频繁见诸报端，而知识界也反复使用这些字眼来描述欧美的政治局势。西方学界普遍把这股反自由主义潮流视为"民粹主义"。民粹主义俨然已经是当今西方自由主义最强劲的对手。最近数年来，不仅仅是英、美这样的老牌自由主义国家感染了民粹主义的病菌，法国、德国、意大利、匈牙利、希腊等欧洲国家也都深深地被民粹主义所困扰。[1]在这样的政治大背景下，西方学界的忧虑呼之欲出：自由主义正处于危机之中！

然而，跟他们不同的是，里拉所采取的是另一种视角。在他看来，自由主义危机的总根源是身份自由主义。西方学

1　关于民粹主义，近年来已经出版了不少优秀的著作，请特别参考Cristóbal Rovira Kaltwasser et. al. (eds.), *The Oxford Handbook of Populism*, Oxford: Oxford University Press, 2017; Cas Mudde and Cristóbal Rovira Kaltwasser, *Populism: A Very Short Introduction*, Oxford: Oxford University Press, 2017; Jan-Werner Müller, *What Is Populism?*, Philadelphia: University of Pennsylvania Press, 2016。

界的主流视角是外部视角，自由主义之所以陷入危机之中，是因为自由主义遭遇了难以对付的外部敌人——民粹主义。而里拉的视角是内部视角，自由主义之所以处于危机之中，是因为自由主义本身感染了难以治愈的内在病症——身份自由主义。[1]综合这两种视角，我们可以说，自由主义处于内忧外患之中：外有民粹主义虎视眈眈，内有身份自由主义病入膏肓。

里拉的诊断并非毫无根据，实际上这个诊断背后有一部美国政治史。这部美国政治史就像一本病历，详细记载着美国自由主义发病的来龙去脉。

在里拉看来，过去一百年的美国政治史可以粗略地划分为两个时代：罗斯福时代和里根时代。这两个时代的分界线大致在1980年前后：前1980年代属于罗斯福时代，它始于罗斯福新政，而终于1970年代；后1980年代属于里根时代，它从1980年代开始，一直延续到特朗普时期。里拉认为，特朗普正在给里根时代送终，因此，此时此刻正是美国自由

---

1 亦有学者认为西欧自由主义的危机也是根源于身份政治，参见 Dingping Guo and Shujia Hu, "Identity Politics and Democratic Crisis in Western Europe", *Chinese Political Science Review*, Vol. 4, No. 2, 2019, pp. 255–275。

主义重新出发的新起点。

在罗斯福时代,美国的形象是一幅向外展开的集体主义政治图景。这幅图景的起点是1929—1933年大萧条时期,当时美国社会的状况是:经济停顿,金融瘫痪,银行倒闭,工人失业,农民减收。整个社会死气沉沉,绝望与痛苦的呻吟遍布大街小巷,悲惨与凄凉的哀号充斥市井角落。美国人民处于水深火热之中,他们是一群被遗忘且被遗弃的沉默的大多数,正在翘首期盼政府伸来及时的援手。

正是在这种无助与无望的悲凉处境中,罗斯福新政为美国人民带来了新生的希望。罗斯福新政的集体主义政治图景背后是一套自由主义意识形态。这种自由主义实际上是新型自由主义(new liberalism),它主张的是强国家、大政府。[1]政府应该有所作为,干预市场经济、提供失业救济、增加社会保障、补贴农产品等。正是这套意识形态把无助与失望的美国人民团结在一起,让他们意识到他们并不是孤立无援的弃民。在家园荒芜的废墟背后,站立着的是强大的政府。市场抛弃了他们,但是政府拯救了他们。因此,罗斯福时代的

---

1 关于新型自由主义,请参考〔英〕迈克尔·弗里登:《英国进步主义思想》,曾一璇译,北京:商务印书馆,2018年。

集体主义政治图景是团结、互助与希望。

但是，到了1980年代，罗斯福时代的集体主义政治图景无法适应美国的新现实了，因此，它被无情地扫入了历史的垃圾堆。美国社会的新现实是，熟人社会消逝了，而陌生人社会兴起了。随着经济发展和科技进步，美国的城市郊区快速崛起了。在这个背景下，人们逐渐离开熟悉的邻里社区，迁居陌生的封闭社区。在他们的世界中，他们都是一个个离群索居的孤立个体，一个个原子式的个体。他们只生活在自己的小世界中，不再融入外面的大千世界。他们只关心属于自己的小家庭，不再关心属于大家的美国。正是如此，罗斯福时代的集体主义寿终正寝了。

1980年代终结了罗斯福时代，开启了里根时代。在里根时代，美国的形象正是一幅向内卷入的个人主义政治图景。而这种个人主义政治图景的背后是一套保守主义意识形态。实际上，这种保守主义是新自由主义（neo-liberalism），它也是自由主义家族的一员，只是它强调的是弱国家、小政府。[1]政府应该无所作为，仅仅充当守夜人的角色。甚至，

---

1 需要加以说明的是，在里拉的文本中，自由主义指的是新型自由主义，而不是新自由主义。

政府本身就是一种恶，最好的政府是管得最少的政府。因此，里根时代的个人主义政治图景是自力更生、自给自足和最小政府。

　　这套保守主义意识形态清晰地体现在里拉所概括的里根的四大教条中：第一，美好生活的标准不是团结互助的集体生活，而是自给自足的个体生活；第二，整个社会的主要工作不是财富再分配，而是创造财富；第三，经济繁荣的关键不是政府干预市场，而是自由放任的市场经济；第四，政府本身就是问题。[1]

　　易言之，不要等待政府解决问题，政府本身就是等待解决的问题，因此，政府不应该有所作为，而应该无所作为。政府不应该干预市场经济，而应该让市场经济按照市场本身的逻辑去运转；政府不应该干预个人生活，而应该让个人按照个人认为合适的方式去生活。政府越是去解决问题，反而会制造更多需要解决的问题。

　　里根时代跟罗斯福时代完全背道而驰。一言以蔽之，罗斯福时代的意识形态是自由主义，而里根时代的意识形态是

1　参见本书第58页。

保守主义；罗斯福时代的关键词是集体，而里根时代的关键词是个体；罗斯福时代的中心是我们，而里根时代的中心是我。在里根时代，没有我们，只有我；没有集体，只有个体。这是一个彻头彻尾的个人主义美国形象。

而令人吃惊的是，美国的自由派非但没有发展出集体主义的政治愿景来与之对抗，反而沦为这种个人主义政治愿景的奴隶。美国自由派成为个人主义奴隶的标志是，他们彻底转向身份自由主义。[1]他们不是向外转向公民政治，而是向内转向身份政治。他们不是关心公民身份（citizenship），而是关心个人身份（identity）。他们不是诉诸团结政治，而是诉诸分裂政治。他们的政治武器不是竞争选举，而是政治运动。

什么是身份？身份是我之所以为我而不是你的核心特征。[2]没有这些核心特征，我就不是我了。因此，身份要回答的问题是：我是谁？在美国政治中，身份主要指的是种族、

---

1 关于身份政治对美国政治秩序的冲击，可以参考王建勋：《身份政治、多元文化主义及其对美国秩序的冲击》，载《当代美国评论》2019年第2期，第48—67页。

2 关于什么是身份认同、现代身份认同的形成与流变，请参考Charles Taylor, "The Politics of Recognition", in Amy Gutmann (ed.), *Multiculturalism*, Princeton: Princeton University Press, 1994, pp. 25–73。

性别、性取向、族裔和宗教等。你是白人，还是黑人？你是男人，还是女人？你是异性恋者，还是同性恋者？你是亚裔美国人，还是非裔美国人？你是基督徒，还是穆斯林？这些要素构成了身份认同的核心内容。你之所以为你，我之所以为我，他之所以为他，正是因为你、我、他对这些问题都有不同的回答。也正是通过对这些问题的回答，我们得以分辨我们是同类，还是异类。我们都是男人，是因为我们共享着男性的身份；你们都是同性恋者，是因为你们共享着同性恋的身份；他们都是黑人，是因为他们共享着黑人的身份。[1]

什么是身份政治？[2]美国身份政治的主要特征是以身份为基础的政治运动。美国人不是以公民身份参加政治运动，而是以个人身份参加政治运动。公民政治的核心是争取权

---

[1] 帕雷克（Parekh）对身份作出了非常精彩的分析。他认为，个人身份（individual identity）有三个维度，分别是私人身份（personal identity）、社会身份（social identity）和人类身份（human identity）。私人身份是一个人之所以是这个人而不是那个人的核心特征；社会身份是一个人属于文化、政治、伦理、宗教、职业等团体的成员的核心特征；人类身份是人之所以是人而不是动物、植物的共享特征。在本文的讨论中，身份特指社会身份。请特别参考Bhikhu Parekh, *A New Politics of Identity*, New York: Palgave Macmillan, 2008, pp. 8–30。

[2] 身份政治在当代西方学术界中有不同的研究取向，请具体参考Mary Bernstein, "Identity Politics", *Annual Review of Sociology*, Vol. 31, 2005, pp. 47–74; Mary Bernstein and Verta Taylor, "Identity Politics", in David A. Snow et.al. (eds.), *The Wiley-Blackwell Encyclopedia of Social and Political Movements*, Hoboken: Blackwell Publishing Ltd., 2013。

利的斗争（struggle for rights），而身份政治的核心是争取承认的斗争（struggle for recognition）。黑人认为，白人没有资格支持黑人政治运动，因为他们不具有黑人的身份。女性认为，男性没有资格参加女权主义运动，因为他们不具有女性的身份。同性恋者认为，异性恋者没有资格同情同性恋运动，因为他们不具有同性恋的身份。在一定程度上，你是否有资格参加或同情某种政治运动，取决于你是否具有这种政治运动背后的身份。同时，如果你不具有某种身份，你也可能对这种身份的政治运动漠不关心。你不是黑人，所以你不关心黑人政治运动；你不是女性，所以你不关心女权主义运动；你不是同性恋者，所以你不关心同性恋运动。因此，身份就像一个个互相隔离且各自独立的封闭空间，把各色人等分门别类禁锢在狭小的牢笼中。我们只关心牢笼内部的小天地，而漠不关心牢笼外面的大世界。各家自扫门前雪，休管他人瓦上霜，就是身份政治的生动写照。

然而，在里拉的视野中，身份政治无异于自由主义的自杀。身份自由主义的第一大问题是，从团结的政治走向分裂的政治。每个人都从身份出发参与政治运动的必然结果是，每个人都只关心跟自己身份密切相关的政治运动，而不愿意关心跟自己身份毫不相干的他人权利。你不是女性，所以你不关心女性的权利。你不是基督徒，所以你也不关心基督徒的权利。本来，不管是女性的权利，还是基督徒的权利，归根结底都是公民权利。因此，无论是争取女性的权利，还是争取基督徒的权利，实质上都是在争取公民权利。这样，被剥夺权利的各个群体都应该团结在公民权利的旗帜下共同抗争。然而，身份政治却把公民权利撕裂得粉碎，公民权利裂变为女性的权利、男性的权利、基督徒的权利、穆斯林的权利、黑人的权利、白人的权利……于是，女性认为男性的权利跟自己无关，基督徒认为穆斯林的权利跟自己无关，白人认为黑人的权利跟自己无关。身份是你之所以为你而不是别人的烙印。然而，你一旦被打上了身份的烙印，你就只管自己，不管别人了。

身份自由主义的第二大问题是，身份政治的核心是政治运动，然而，民主政治的核心却是竞争选举。里拉认为，前1980年代的身份政治是通过竞争选举来实现公民权利，然而，后1980年代的身份政治是通过政治运动来争取身份认同。后1980年代的身份政治从公民身份转向个人身份的结果是，他们无法通过政治运动来保障公民权利。里拉言道：

"例如，我们想保护黑人司机免受警察虐待，或者保护同性伴侣在街上免受骚扰，那么，我们需要州检察官普遍愿意起诉此类案件，并且州法官愿意执行法律。而确保我们拥有州检察官和州法官的唯一方法是，选出愿意任命这些人的自由派民主党州长和州议员。"[1]这是因为民主政治的根本是赢得选举，而不是参与运动。倘若无法赢得选举，一切皆是徒劳。然而，身份自由主义者却从投票站撤退到大街小巷。他们压根就忘记了民主政治的决胜战场不是在街头，而是在投票站。他们的力量源泉应该是选民手中的选票。

身份自由主义的第三大问题是，身份政治没有政治愿景。什么是政治愿景？简单来说，政治愿景就是美国未来的美好蓝图。它的功能是激发公民的政治情感，从而把公民紧紧地团结在一起，并号召他们从街头走向投票站。因此，是否有一个具有感召力的政治愿景，是衡量他们是否能够在民主政治中取得胜利的关键。然而，身份自由主义者却被里根时代的个人主义裹挟而去，他们撤退到身份政治的泥沼中而难以自拔。身份的特征就是差异性。身份多种多样，千差万

1　引自本书第40页。

别。因此，身份政治并不足以提供一幅全体美国人共享的美好蓝图。这样，身份政治根本就无法把具有不同身份的美国人团结在一起，也根本无法说服千差万别的美国人向他们投下宝贵的一票。在这个意义上，没有政治愿景就等于输掉了美国的未来。

一言以蔽之，身份自由主义的病症是，没有公民政治的身份政治。公民政治是团结的政治，而身份政治却是分裂的政治；公民政治的核心是竞争选举，而身份政治的核心却是政治运动；公民政治有一幅以公民身份为核心的政治愿景，而身份政治却没有政治愿景。

二、公民自由主义的药方

正因为身份自由主义的病症是没有公民政治的身份政治，所以里拉呼吁身份自由主义者从身份政治转向公民政治。在里拉的视域中，身份自由主义病症的药方是公民自由主义。里拉的公民自由主义，本质上是没有身份政治的公民政治。里拉的治疗方案可谓对症下药：用公民自由主义治疗身份自由主义，用没有身份政治的公民政治拯救没有公民政治的身份政治。[1]

在里拉看来，罗斯福时代的特征是政治（politics），里根时代的特征是反政治（anti-politics），而身份自由主义的特征是伪政治（pseudo-politics）。身份自由主义不能走向里根时代的个人主义，因为里根时代的个人主义跟政治的本质背道而驰。身份自由主义也无法回到罗斯福时代的集体主义，因为罗斯福时代的集体主义已经无法适应目前的政治形势了。美国早已今非昔比了。正是如此，美国自由派要走出身份自由主义的困境，就不能重走老路，而必须开辟新路，那就是公民自由主义。这是因为公民自由主义的特征也是政治，这是它跟罗斯福时代的集体主义所共享的特征。因此，从身份自由主义转向公民自由主义，本质上就是从伪政治转向政治。

政治、反政治与伪政治到底是什么意思？里拉并没有明确交代，但是从他的字里行间依稀可辨这些词汇的核心内涵。

---

1 任剑涛以梅因的"从身份到契约"的理论框架为基础，提出了一种不同于里拉的身份政治治疗方案。他的方案是，从身份政治到契约政治。参见任剑涛：《在契约与身份之间：身份政治及其出路》，载《当代美国评论》2019年第2期，第2—27页。

　　什么是政治？政治是一项集体事业，需要大家共同协作来完成。如果每个人都躲进与世隔绝的小楼，不管外面世界的纷纷扰扰，也不关心他人的酸甜苦辣，那么，这个世界上根本就没有政治。政治要求大家走出各自的舒适小楼，直面这个世界的不公正与不平等，敢于发出控诉的声音，敢于参与争取权利的运动。即便受到伤害的不是自己，而是别人，也会感同身受，就像自己受到伤害一样，为别人的权利而呐喊，为别人的利益而呼号。政治不是一个人的事情，而是所有人的事情。正是如此，政治的主体不是"我"，而是"我们"。

　　在民主政治中，政治的本质是赢得选举，掌握权力。因此，大家要走出家门，前往投票站，通过投票的方式来发出自己的声音，让那些真正能够维护大家利益的政治家赢得选举。只有这样，没有得到保障的权利最终才能得到保障，没有得到维护的利益最终才能得到维护。因此，民主政治的敌人是政治冷漠症。总统选谁，跟我无关；议员是谁，跟我无关；法官是谁，跟我无关。于是，我不再投票，只管家中的柴米油盐酱醋茶。这样，政治就不再是政治，民主也不再是民主。

什么是反政治？政治的特征是集体主义，而反政治的特征是个人主义。前者是罗斯福时代的写照，而后者是里根时代的写照。在这个语境中，集体主义并不是说一切以集体为中心，而是说政治这个事业需要大家集体合作来完成。而个人主义也不是说一切以个体为中心，而是说大家不愿意参与集体性的政治事业，而只关心各自的私人生活。正是如此，集体主义是政治，而个人主义是反政治。

在民主政治中，如果大家都从公共世界撤退到私人世界，从投票站撤退到家中，那么，剩下的就是彻头彻尾的反政治了。而这正是美国的现状。长期以来，美国的投票率都不高。许多美国人并不关心政治事务，而只关心私人事务。对他们来说，特朗普当总统还是希拉里当总统，并没有太大的区别。他们的日常生活还是照常运转，并不会发生太大的变化。在他们看来，与其纠结于谁当选总统，不如把心思花在孩子的教育上。在这个意义上，反政治聚焦于个体，而不是集体。因此，反政治的主体不是"我们"，而是"我"。

什么是伪政治？伪政治的意思是，表面上看来，大家都在共同参与一项集体事业，而这项集体事业似乎跟政治息息相关；而实际上，大家所参与的集体事业并不是真正的政治，而是虚假的政治。这正是美国自由派的整体特征。表面上，美国自由派热衷于运动政治，他们号召大家从家门走上街头，共同参与形形色色的政治运动，例如女权主义运动、同性恋运动。然而，运动政治并不是政治，而是伪政治。这是因为民主政治的本质是赢得选举，掌握权力，而运动政治却无助于赢得选举，也无法掌握权力。

在里拉看来，美国自由派的伪政治实质上也是个人主义。美国自由派的伪政治是身份政治。他们所组织的政治运动不是以议题为中心，而是以身份为中心。女性团结起来参与女权主义运动，同性恋者团结起来参加同性恋运动。女性是以女性的身份来参与政治运动，而同性恋者是以同性恋的身份来参与政治运动。这样做的结果是，他们排斥了不具有同样身份的群体来共同参与争取权利的斗争。女权主义运动排斥了同情女权主义的男性，同性恋运动排斥了支持同性恋的异性恋者。最终，他们把"我们"大家争取权利的斗争，降格为"我"这个群体争取承认的斗争。他们把自己关在一个个由形形色色的身份构成的封闭空间中。表面上，他们是一个个身份构成的集体——我们女性、我们黑人、我们同性恋者；而实际上，他们只是放大了的个体——孤零零的女性、孤零零的黑人、孤零零的同性恋者。在里拉的视野中，真正的政治是所有人的事情，而不仅仅是女性的事情、黑人的事情、同性恋者的事情。从反政治到伪政治，只是从一个笼子到另一个笼子罢了。唯一不同的是，反政治的笼子空间小，而伪政治的笼子空间大。然而，不管笼子空间大小，笼子终究只是笼子。

那么，如何从伪政治回归政治呢？里拉的方案是，从身份政治转向公民政治，从身份自由主义转向公民自由主义。里拉的公民自由主义意味着，终结身份政治，终结身份自由主义。[1]

什么是公民？要界定什么是公民，首先应该明白什么不是公民。公民不是臣民，不受君主的统治。在君主制国家中，君主统治下的人民都是臣民。君主与臣民的关系是不平等的。但是在现代民主制国家中，所有人都是平等的公民，臣民从人们的视野中消失了。公民也不是奴隶，不受主人的支配。现代民主政治的重大贡献是奴隶制的寿终正寝。从此，奴隶不复存在了，剩下的是既不支配他人也不被他人支配的公民。

1　里拉的立场最简洁地体现在他发表于《纽约时报》并引起极大反响的文章的标题"身份自由主义的终结"中。本书正是在这篇文章的基础上扩充而成。见 Mark Lilla, "The End of Identity Liberalism", *The New York Times*, Nov. 18, 2016。

公民是民主制国家下所有人的共同身份。只要你具有这个国家的国籍，那么你就是这个国家的公民。公民是法律下自由平等的人，他们享有平等的权利。在这个意义上，不平等的权利是对公民身份的侵犯。如果说身份的特征是差异性，那么公民的特征是共同性。女性并不具有男性的身份，黑人并不具有白人的身份，同性恋者并不具有异性恋者的身份，基督徒并不具有穆斯林的身份，亚裔并不具有非裔的身份。他们具有不同的身份。但是，不管他们是男人，还是女人；不管他们是同性恋者，还是异性恋者；不管他们是基督徒，还是穆斯林；不管他们是亚裔，还是非裔，他们的共同身份是公民。

什么是公民政治？公民政治具有两个核心内容。第一，公民身份。在现代民主政治中，公民具有双重身份：个人身份（identity）和公民身份（citizenship）。个人身份的差异性可以撕裂这个社会，但是公民身份的共同性却可以团结这个社会。身份政治的大麻烦是诉诸个人身份，从而让这个社会分崩离析。而公民政治诉诸的是公民身份，它可以把已经分离的社会重新整合起来。正是如此，里拉的公民自由主义希望摆脱个人身份的束缚，从而转向所有美国人都共享的公民身份。

第二，民主政治。现代民主政治的核心是选举政治，而不是政治运动。只有通过竞争选举，掌握政治权力，公民权利才能得到保障。因此，选举政治要求全体美国人从他们共享的公民身份出发，号召大家走出私人的小家庭，走出封闭的身份小圈子，走向投票站，选出能够代表其权利的议员、州长、总统。街头不是投票站，街头政治也不是民主政治。如果美国自由派把街头政治视为民主政治的核心，那么他们将陷入伪政治的泥潭。

在里拉看来，公民自由主义可以矫正身份自由主义的弊端。第一，从身份自由主义转向公民自由主义，实际上就是从分裂的政治转向团结的政治。在身份政治中，美国人聚焦的是个人身份。如果你不是女性，你不关心女权主义运动；如果你不是黑人，你不关心黑人运动；如果你不是同性恋，你不关心同性恋运动。每个人都只关心跟自己的身份密切相关的政治运动。然而在公民政治中，美国人聚焦的不是个人身份，而是公民身份。而公民身份是全体美国人的共同身份，这样，全体美国人就可以在公民身份的旗帜下，团结在一起，共同维护彼此的权利。一个人的权利没有得到保障，就是全体公民的权利没有得到保障。尽管你不是女性，但是你和女性一样都是公民，因此，女性权利没有得到保障就是公民权利没有得到保障；尽管你不是黑人，但是你和黑人一样都是公民，因此，黑人权利没有得到保障就是公民权利没有得到保障；尽管你不是同性恋者，但是你和同性恋者一样都是公民，因此，同性恋者的权利没有得到保障就是公民权利没有得到保障。正是如此，公民身份把具有不同个人身份的差异性群体团结在一起了。

第二，从身份自由主义转向公民自由主义，实际上就是从运动政治转向选举政治。在身份政治中，美国自由派只关心政治运动，而不关心竞争选举。然而，一个可能的结果是，无论美国自由派如何频繁地参加政治运动，而掌权者就是不为所动，他们视而不见，听而不闻，自由派又能怎么办呢？他们恐怕只能束手无策了吧。而即便通过政治运动，少数群体的权利得到了保障，这样的保障也是脆弱不堪的。一旦反对方赢得了选举，掌握了权力，他们就完全可以废除用来保障少数群体的政策与法案，从而让少数群体再次陷入困境之中。因此，民主政治的关键是赢得选举，掌握权力。如果掌握了政治权力，即便不诉诸政治运动，掌权的政治家也可以通过制定政策或通过法案的方式来保障少数群体的权利。这才是民主政治的真谛！

第三，从身份自由主义转向公民自由主义可以发展出一套自由主义政治愿景。在里拉看来，特朗普阵营和美国自由派的共同问题是缺乏政治愿景。前者已经陷入个人主义的泥沼，而个人主义根本无法调动具有不同身份的不同个体，因此无法发展出一套全体美国人共享的政治愿景。而后者已经迈向身份政治的深渊，身份政治的问题是美国人被形形色色的身份撕裂得粉碎，因此根本无法团结不同的个体，从而发展出一套全体美国人共享的政治愿景。在这个大背景之下，里拉希冀公民自由主义可以发展出一套全体美国人共享的自由主义政治愿景。这套政治愿景以全体美国人共享的公民身份为中心，以所有公民都关心的权利为依归，从而团结具有不同身份的不同个体。如果公民自由主义者以公民身份为武器，登高一呼，应者云集，那么，公民自由主义的目标就指日可待了。

一言以蔽之，公民自由主义的药方是，没有身份政治的公民政治。身份政治是分裂的政治，而公民政治是团结的政治；身份政治的核心是政治运动，而公民政治的核心是选举政治；身份政治缺乏政治愿景，而公民政治却可以发展出一套全体美国人共享的自由主义政治愿景。

三、公共自由主义的未来

身份自由主义的病症是，没有公民政治的身份政治。而里拉所开出的公民自由主义药方是，没有身份政治的公民政治。里拉的药方可谓对症下药，但是药量过猛，副作用明显。这个副作用是，只注意到身份政治的消极作用，而没有注意到身份政治的积极作用。里拉不否定身份，却否定身份政治，这是公民自由主义的问题根源。[1]

因此，本文将提出公共自由主义来治疗身份自由主义和

---

1 福山跟里拉不同，他并不否定身份政治。相反，他认为现代社会根本无法脱离身份政治。但是，身份政治既可以用来分裂社会，也可以用来整合社会。他的整合途径是，在充分尊重公民的特殊身份的同时，让公民们团结在普遍的国家身份认同（national identity）之下，这样，美国的自由主义制度依旧可以良好运转。在他看来，美国的国家身份认同不是基于民族，而是基于自由、平等、法治等价值观。见 Francis Fukuyama, *Identity: The Demand for Dignity and the Politics of Resentment*, New York: Farrar, Straus and Giroux, 2018。许纪霖也提出了类似的观点，他称之为"多元一体"。多元指的是多元的身份，而一体指的是共享的美国政治文化。参见许纪霖：《政治正确、文化宽容与身份政治的限度何在》，载许纪霖、刘擎主编：《西方"政治正确"的反思》，第81页。

公民自由主义的病症。[1]公共自由主义之所以是公共的，是因为它要求公众从私人的个体身份（identity）走向公共的公民身份（citizenship），从私人的身份政治走向公共的公民政治。就此而言，身份自由主义是私人自由主义（private liberalism），因为它只是从私人的个体身份走向私人的个体身份，从私人的身份政治走向私人的身份政治。公共自由主义不同于公民自由主义，是因为公共自由主义从身份走向公民，从身份政治走向公民政治，而公民自由主义却从身份转向公民，从身份政治转向公民政治。两者的核心区别是，公民自由主义终结了身份政治，而公共自由主义却保留了身份政治。

公共自由主义具有双重属性：第一，它是有公民政治的身份政治；第二，它是有身份政治的公民政治。就前者而言，尽管公民以个人身份参与运动政治，但是其最终目标是通过公民政治来实现其权利诉求，因此，这种身份政治并不排斥公民政治。就后者而言，尽管公民以公民身份参与选举政治，但是这种公民政治背后有着深厚的身份政治基础，它

---

1 刘擎也对里拉的观点提出了批评。在他看来，里拉把身份政治与公民政治对立起来是有问题的。因此，他提出了调和身份政治与公民政治的思路。本文同意刘擎的观点，但是本文的论证思路却有所不同。参见刘擎：《西方社会的政治极化及其对自由民主制的挑战》，载许纪霖、刘擎主编：《西方"政治正确"的反思》，第9—25页。

并非完全脱离身份政治而存在。

身份自由主义是没有公民政治的身份政治，而公共自由主义却是有公民政治的身份政治。在这个意义上，公共自由主义可以矫正身份自由主义的弊病。公共自由主义的核心是从身份走向公民，从身份政治走向公民政治。

第一，在运动政治层面，身份自由主义是分裂的政治，而公共自由主义却是团结的政治。身份自由主义的典型是，你是女性，所以你关注女权主义话题。但是，你并不关注跟女权主义无关的话题。农民的权利受损了，你不关心，也无意转发相关的新闻，因为你不是农民；男性的权利被侵犯了，你不关心，也不会为之呐喊，因为你不是男性；少数民族的权利被剥夺了，你不关心，也不会对之加以评论，因为你不是少数民族。你封闭在女性身份所建构的笼子里，笼子里面是你的整个世界，笼子外面跟你毫不相干。

没有公民政治的身份政治最生动地体现在德国神学家马丁·尼莫拉（Martin Niemöller）镌刻在美国波士顿自由之路（Freedom Trail）上的碑铭诗文中：

一开始，他们来抓共产主义者，

我不是共产主义者，所以我没有说话。

然后，他们来抓犹太人，

我不是犹太人，所以我没有说话。

接着，他们来抓工会会员，

我不是工会会员，所以我没有说话。

后来，他们来抓天主教徒，

我是新教徒，所以我没有说话。

最后，他们来抓我，

这个时候，再也没有人为我说话了。[1]

身份政治的大麻烦是去公民政治。但是，公共自由主义并不排斥身份政治。这是因为身份自由主义一败涂地，表面上根源于身份政治，而实质上根源于去公民政治。如果美国自由派能够从身份政治走向公民政治，那么身份政治依旧可以从分裂的政治走向团结的政治。身份自由主义是排他性的（exclusive），它以自我为中心，只关心跟自己的身份息息相关的事务，而不关心跟自己的身份毫无干系的事务。但是，

1　据说这首诗流传有各种不同版本，这个版本是我根据波士顿自由之路碑铭诗文的英译文所译。

公共自由主义却是包容性的（inclusive），它不仅仅关心跟自己的身份息息相关的事务，而且还从自己的身份出发走向更广大的公民同胞。

的确，你是女性，你关心女权主义问题。但是，女权本质上是人权，是公民权利的一种。你的权利被侵犯了，不仅仅是女性权利被侵犯了，也是公民权利被侵犯了。因此，你完全可以从女性权利走向更广阔的公民权利。这个时候，你所诉求的不仅仅是只有女性共享的女性权利，而是全体公民共享的公民权利。如果你看到农民的权利受损了，你不会漠不关心，因为农民权利跟女性权利一样都是公民权利。如果你今天不站出来为农民权利发声，那么明天农民也不会站出来为女性权利发声。如果你发现男性的权利被侵犯了，你不会视而不见，因为男性权利跟女性权利一样都是公民权利。不错，男性是女权被剥夺的根源。但是，并非所有男性都是男权主义者。权利被侵犯的男性跟权利被剥夺的女性一样都是受害者，都应该团结在公民权利的旗帜之下。如果你感到少数民族的权利被剥夺了，你不会充耳不闻，因为少数民族的权利跟女性权利一样也是公民权利。尽管你同样参加女权主义运动，但是你知道你今天为他们站出来是他们明天为你站出来的理由。在女权主义的身份政治中，你非常清楚，如果你今天不站出来，明天你就站不出来了。但是，这并不代表你只关心女权主义的身份政治，而不关心跟女权主义无关的身份政治。你可能也同样清楚，如果你今天不为别人站出来，明天别人也不会为你站出来。正是在这种感同身受的公民权利的感召下，身份政治可以摆脱身份的藩篱，从而走向更加广泛的公民政治。

第二，在选举政治层面，身份自由主义并不热衷选举政治，而公共自由主义却重视选举政治。身份自由主义的战场是街头，他们全身心地投入于政治运动中。然而，他们却遗忘了民主政治的本质。民主政治的本质是竞争选举，只有通过赢得选举，掌握权力，他们的政治诉求才能够真正实现。否则，就算他们集结数百万人走上街头，要求政府保障他们的权利，然而政府却不为所动，依旧听之任之，我行我素，他们又能怎么办呢？在这种政治环境之下，没有竞争选举，政治运动可能会迷失方向。

而公共自由主义的战场是双向的，街头的政治运动固然重要，但是议会的竞争选举同样重要。在民主政治中，肤色、种族、性别固然重要，但是更加重要的是选票、选票、选票！民主政治的关键是选出能够代表自己利益的议员、市长、州长和总统，从而让他们为自己发声，并最终通过法案或公共政策来实现他们的政治诉求。所以，他们应该把更多的精力投入到竞争选举中。当然，这么说并不代表街头的政治运动无关紧要。政治运动也是现代民主政治中公民表达权利诉求的重要途径。就算他们选出了代表自己利益的议员、市长、州长和总统，这些人也需要知道他们的具体诉求是什么。他们固然可以通过向议员写信等方式表达诉求，但是政治运动却可以一次性全方位集中体现民意，让这些政治人物快速听到他们的声音。而且，这些政治人物所听到的不是一个人的声音，而是许多人的声音。这才是政治运动的力量所在。因此，公共自由主义的立场是，在街头运动的同时，不要忘记选举政治；在竞争选举的同时，不要忘记运动政治。前者是从身份走向公民，从身份政治走向公民政治；而后者是从公民回溯身份，从公民政治回溯身份政治。

正是如此，公共自由主义的关键是从身份走向公民，从身份政治走向公民政治，这就是公共自由主义的真谛。在这个意义上，公共自由主义可以容纳身份政治，但是，这种身份政治不是没有公民政治的身份政治，而是有公民政治的身份政治。然而，身份自由主义却是从身份走向身份，从身份政治走向身份政治。身份自由主义始终沦陷在身份的泥沼中，无法从身份走向公民，从身份政治走向公民政治，因此，这种身份政治是没有公民政治的身份政治，而这也是身份自由主义之所以失败的根本原因。

里拉的公民自由主义是没有身份政治的公民政治，而公共自由主义却是有身份政治的公民政治。缘此，公共自由主义可以消除公民自由主义的副作用。公民自由主义的核心是从身份转向公民，从身份政治转向公民政治。因此，公民自由主义的目标是终结身份政治。然而，公共自由主义的核心是从身份走向公民，从身份政治走向公民政治。公共自由主义并不打算终结身份政治。理由是，身份政治的问题根源不是因为有身份，而是因为无公民。因此，如果公共自由主义可以从身份走向公民，从身份政治走向公民政治，那么，身份政治依旧有药可医。正是如此，公共自由主义并不终结身份政治，而是从没有公民政治的身份政治走向有公民政治的身份政治。

身份自由主义的问题是没有公民政治，而公民自由主义的问题是没有身份政治。就身份自由主义而言，没有公民政治，身份政治可能就毫无意义，因为身份政治的诉求只有在公民政治中才能得以实现。就公民自由主义而言，没有身份政治，可能就没有公民政治，因为公民政治可能无法得以产生。

为什么没有身份政治，可能就没有公民政治呢？这是因为公民是一个抽象而空洞的词汇。它本身缺乏感召力，无法充分调动公众的情绪。在运动政治中，你在人群中呐喊："我们所有人都是公民，我的权利被剥夺了，请你们为我站出来。你站出来不仅仅是为了我，而是为了所有公民。"人群完全可能不为所动。有些人可能上前问你："什么是公民？"有些人可能会在心里说："你的权利被剥夺了，又不是我的权利被剥夺了，关我什么事？"有些人可能会反问你："你是不是做了什么见不得人的事情？要不然为什么不剥夺别人的权利，偏偏就剥夺你的权利呢？"有些人可能会扬长而去……

在选举政治中，你号召公众从家门走向投票站，因为这是大家作为公民应该享有的基本权利。但是，为什么美国公众普遍感染了政治冷漠症呢？其中一个重要原因是，在公众的心目中，总统选谁，跟我无关；州长选谁，跟我无关；市长选谁，跟我无关。从公民到投票，这是一个需要填补的情感空间。只有公民的政治情感被充分地调动起来，并且让他们切身感受到投票跟他们的日常生活息息相关，他们才会放下手中的活计走向投票站，然后投下神圣的一票。

因此，抽象而空洞的公民身份，可能根本无法唤起公民政治。我是公民，那又怎样呢？投票，关我什么事呢？这可能是公民身份所面临的大麻烦。如果公民身份背后缺乏深厚的情感基础，公民非但无法成为神圣的字眼，反而可能沦为公众的笑柄。在公众的视野中，具体的个人总是优先于抽象的公民，柴米油盐酱醋茶总是优先于投票选举。因此，关键是如何建立具体的个人跟抽象的公民之间的情感联结，如何建立柴米油盐酱醋茶跟投票选举之间的情感联系。

而身份（identity）可能就是一座从具体的个人通达抽象的公民、从柴米油盐酱醋茶通达投票选举的情感桥梁。这就是公共自由主义从身份走向公民、从身份政治走向公民政治的路径。公共自由主义的公民政治不是没有身份政治的公民政治，而是有身份政治的公民政治。

在你成为抽象的公民之前，你首先是具体的个人。你是一个男人，或者是一个女人；你是一个基督徒，或者是一个穆斯林；你是一个教师，或者是一个工人；你是一个白人，或者是一个黑人；你是一个同性恋者，或者是一个异性恋者。这些都不是大写的公民，而是小写的个体，都是你的身份。这些身份跟你的生命息息相关，所以你特别敏感，也特别在意。因此，你也特别关心附着在这些身份之上的权利。如果你是女性，你可能会为女性的权利挺身而出；如果你是基督徒，你可能会为基督徒的权利站出来；如果你是工人，你可能会为工人的权利高声呐喊；如果你是黑人，你可能会为黑人的权利奋不顾身；如果你是同性恋者，你可能会为同性恋者的权利发出声音。当我们在谈论公民权利的时候，我们不仅仅是在谈论抽象的公民权利，而且也是在谈论具体的女性的权利、基督徒的权利、工人的权利、黑人的权利、同性恋者的权利。我们不仅仅是从公民身份出发去谈论公民权利，也是从个人身份出发去谈论公民权利。如果我们只是说我们在争取抽象的公民权利，公众可能毫无感觉。但是，如果我们说我们是在争取女性的权利，而你是女性，你心底的涟漪可能就被触动了；如果我们说我们是在争取基督徒的权利，而你是基督徒，你可能就被打动了；如果我们说我们是在争取工人的权利，而你是工人，你可能就会心潮澎湃；如果我们说我们是在争取黑人的权利，而你是黑人，你可能就会慷慨激昂；如果我们说我们是在争取同性恋者的权利，而你是同性恋者，你可能就会热泪盈眶。这样，你就从具体的个人身份出发走向了抽象的公民身份，从身份政治走向了公民政治。无论是女性的权利、基督徒的权利、工人的权利、黑人的权利，还是同性恋者的权利，这些富有温情的个人权利归根结底都是公民权利。此时此刻，当人们说我们实际上都是在追求同一个权利，那就是公民权利，我们都具有同一个身份，那就是公民身份，我们才能够感受到公民权利是什么，公民身份是什么，我们才能够团结在公民的旗帜下共同奋斗。

因此，身份政治是公民政治的重要基础。没有身份政治，恐怕公民政治也无法产生；相反，公众可能在公民身份的号召下罹患政治冷漠症。正是如此，公共自由主义主张有身份政治的公民政治，这是公共自由主义跟公民自由主义的重大区别。公共自由主义的关键是从身份走向公民，从身份政治走向公民政治。然而，公民自由主义却从身份转向公民，从身份政治转向公民政治。公民政治终结身份政治的结果是，公民政治本身也可能走向终结。在这个意义上，里拉用来救治身份自由主义的药方，可能会让身份自由主义感染新的病症。

结论

本文的结论是，公共自由主义既是身份自由主义病症的治疗方案，也是公民自由主义病症的治疗方案。身份自由主义的病症是，没有公民政治的身份政治。公民自由主义的病症是，没有身份政治的公民政治。而公共自由主义既有身份政治，又有公民政治。公共自由主义的身份政治是有公民政治的身份政治，因此，它可以用来救治身份自由主义的病症。而且，公共自由主义的公民政治是有身份政治的公民政治，因此，它可以用来救治公民自由主义的病症。

身份自由主义的问题是，个体被封闭在身份建构起来的牢笼中，从而成为一个个孤立而隔绝的身份原子。我只关心跟我的身份密切相关的事情。凡是跟我的身份无关的事情，我就漠不关心。莫谈国事，岁月静好——这是身份自由主义的标签。

而公民自由主义的问题是，公民身份既抽象，又空洞，根本无法激起公众参与公民政治的热情。因此，公民身份非但无法团结广大公众，反而使广大公众罹患政治冷漠症。两耳不闻窗外事，一心只读圣贤书——这是公民自由主义的结局。

两者殊途而同归，最终都沦为彻底的个人主义。就身份自由主义而言，身份政治只关心个体小世界，不关心集体大世界，是因为没有公民政治的理想。就公民自由主义而言，公民政治从集体大世界撤退到个体小世界，是因为没有身份政治的基础。

里拉的目标是终结身份自由主义世界，开启公民自由主义世界。然而，这个世界会好吗？这是个问题！

马华灵

2019 年夏于丽娃河畔

文 景

Horizon

社 科 新 知　文 艺 新 潮

分裂的美国

[美] 马克·里拉　著　马华灵　顾霄容　译

出 品 人：姚映然
策划编辑：贾忠贤
责任编辑：周灵逸
营销编辑：赵　政
装帧设计：肖晋兴

出　　品：北京世纪文景文化传播有限责任公司
　　　　　（北京朝阳区东土城路8号林达大厦A座4A　100013）
出版发行：上海人民出版社
印　　刷：山东临沂新华印刷物流集团有限责任公司
制　　版：南京展望文化发展有限公司

开　本：890mm×1240mm　1/32
印　张：6.25　字　数：98,800　插　页：2
2022年3月第1版　2022年3月第1次印刷
定　价：52.00元
ISBN：978-7-208-17546-4/D·3895

图书在版编目（CIP）数据

分裂的美国/（美）马克·里拉（Mark Lilla）著；
马华灵，顾霄容译.—上海：上海人民出版社，2022
书名原文：The Once and Future Liberal: After
Identity Politics
ISBN 978-7-208-17546-4

Ⅰ.①分…　Ⅱ.①马…　②马…　③顾…　Ⅲ.①政治-
研究-美国　Ⅳ.①D771.2

中国版本图书馆CIP数据核字（2022）第004112号

本书如有印装错误，请致电本社更换　010-52187586